美索不達米亞神祇事典

從經典神話了解美索不達米亞眾神

紙結歷史編輯部／著

陳姵君／譯

前言

人類這種生物並非透過演化，而是藉由知識的傳承，才逐步建立起今日的文明。關於人類的文明發展存在著各式各樣的說法，約莫是從距今1～2萬年前開始進行農耕，接著發明文字、形成都市。我們所具備的知識，就是從這個時代不斷傳承、發展而來的產物。而所有知識、文化的根源，皆可追溯至在歷史上綻放燦爛光輝的四大古文明。其中之一即為在現今伊拉克共和國波斯灣沿岸萌芽的美索不達米亞文明。

被底格里斯河、幼發拉底河這2條大河環抱的美索不達米亞大地，令古蘇美人得以在此建立文明，發展出早期的美索不達米亞文化。發明楔形文字，學會記錄事物的蘇美人，透過他們豐富的想像力創造了神話。世界是如何演變成如今的形態、人為何會出生來到這個世上、為何會死亡，遠在5000年前的人們與現代的我們一樣，對世界的各種現象抱持著疑問，並透過神話的形式來賦予解答。這些故事成為美索不達米亞神話的原型，接著由承襲了蘇美文化的阿卡德人將其發揚光大。

這些神話所講述的內容皆充滿戲劇性。好比因世代交替所引發的眾神大戰故事、妻子對丈夫出軌做出反擊的復仇劇、令生活在現代的我們感到興奮雀躍的歷險記、酒後失態的經驗談……等等。在世界剛有文明萌生的幾千年前，人類已譜寫出如此多元的故事，這才是最令人感到驚嘆的事。

這些故事歷經長久的歲月，對世界各類型的神話與文學帶來影響。這點放諸現在的次文化領域亦然。期盼讀者們能透過本書多少體會到，我們與遠在數千年前的人們其實是住在根脈相連的世界。

紙結歷史編輯部

美索不達米亞神祇事典　目次

第3章 天界與人界以及冥界神祇

第4章 英雄與守護神

第5章 怪物、惡靈

本書閱讀方式

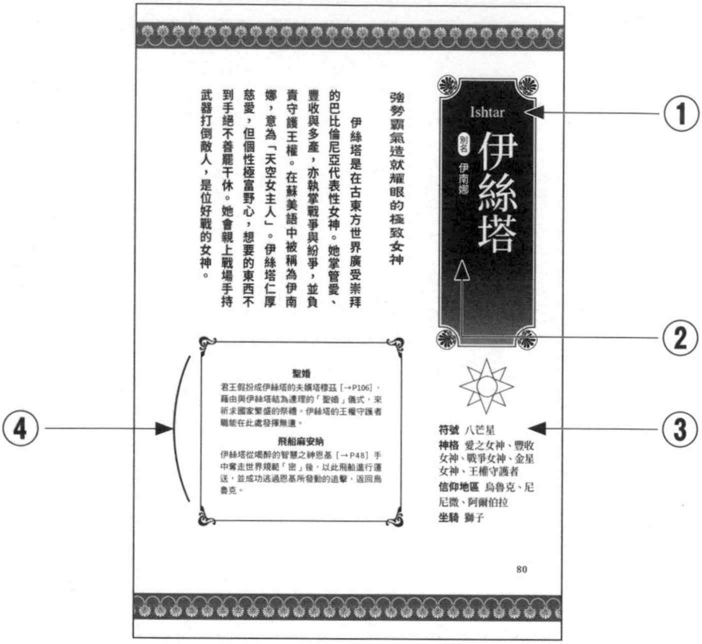
Ishtar
伊絲塔
別名 伊南娜
強勢霸氣造就耀眼的極致女神
伊絲塔是在古東方世界廣受崇拜的巴比倫尼亞代表性女神。她掌管愛、豐收與多產，亦執掌戰爭與紛爭，並負責守護王權。在蘇美語中被稱為伊南娜，意為「天空女主人」。伊絲塔仁厚慈愛，但個性極富野心，想要的東西不到手絕不善罷干休。她會親上戰場手持武器打倒敵人，是位好戰的女神。
符號 八芒星
神格 愛之女神、豐收女神、戰爭女神、金星女神、王權守護者
信仰地區 烏魯克、尼尼微、阿爾伯拉
坐騎 獅子
聖婚
君王假扮成伊絲塔的夫婿塔穆茲［→P106］，藉由與伊絲塔結為連理的「聖婚」儀式，來祈求國家繁盛的祭禮。伊絲塔的王權守護者職能在此處發揮無遺。
飛船麻安納
伊絲塔從喝醉的智慧之神恩基［→P48］手中奪走世界規範「密」後，以此飛船進行運送，並成功逃過恩基所發動的追擊，返回烏魯克。
80
①
②
③
④

①以以拉丁字母來標記蘇美語以及阿卡德語

②別名介紹

美索不達米亞神祇與英雄存在著許多別名，而且還有眾多被認為等同於彼此的人物，因此會一併列出據信屬於該神祇的相關名稱

③神祇檔案

以簡介的方式呈現該神祇的相關資訊。會從【符號】【神格】【信仰地區】【坐騎】等項目中擇取幾項做介紹

④解說與該神祇相關的武器、寶物、歷史事蹟與用語等事項

注意

本書以蘇美神話、阿卡德神話為中心編寫而成。關於神祇的名字則以簡單好記為最大考量，因此採用上述神話中最為通俗的名稱來作為標題，並使用於正文中

第1章
何謂美索不達米亞神話？

美索不達米亞文明與神話的形成

美索不達米亞的地理位置與文明的誕生

大部分的古文明都是在大河附近開始發展的。例如，世界四大古文明的埃及文明始於尼羅河、印度文明始於恆河、黃河文明始於黃河，而美索不達米亞文明則為底格里斯河與幼發拉底河。無論何者都是在世界最具代表性的大河流域繁盛起來，即為最好的說明。

其中美索不達米亞文明的特徵是被2條大河所環抱。美索不達米亞一詞源自希臘語，意為「河川之間的土地」，地理位置相當於東有底格里斯河，西有幼發拉底河的現今伊拉克東部地區。此處是由兩河透過搬運作用堆積形成的肥沃平地。沖積平原的地形便於人類居住，亦適合農耕，據信約於西元前八三〇〇〜前六〇〇〇年，定居於美索不達米亞地區的人們開始從事農業活動。

❀王朝年表❀

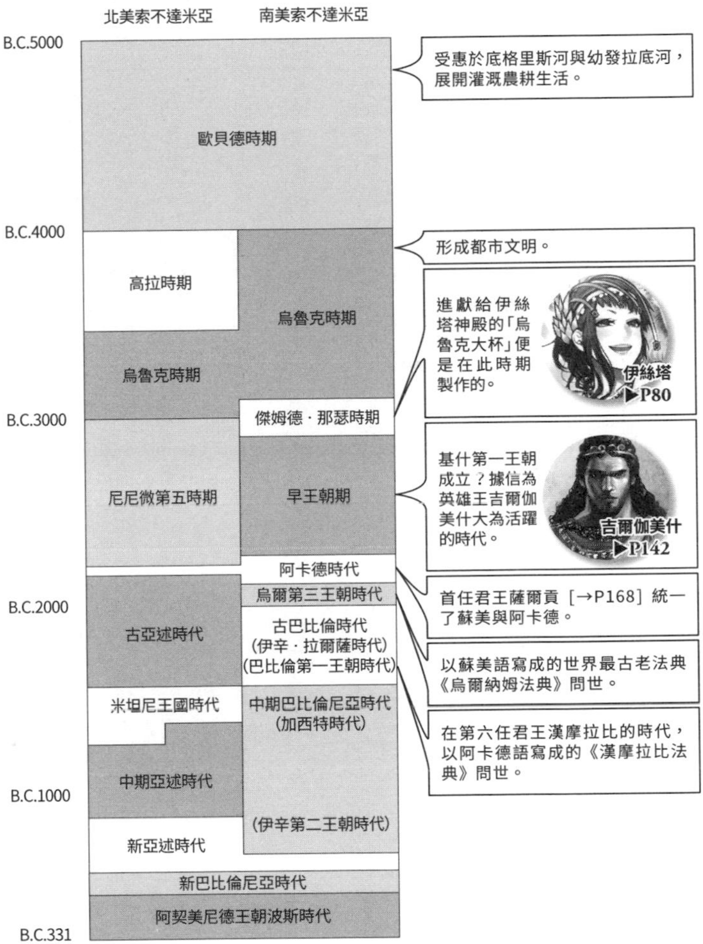
北美索不達米亞
南美索不達米亞
B.C.5000
歐貝德時期
受惠於底格里斯河與幼發拉底河，展開灌溉農耕生活。
B.C.4000
高拉時期
烏魯克時期
烏魯克時期
形成都市文明。
進獻給伊絲塔神殿的「烏魯克大杯」便是在此時期製作的。
伊絲塔
▶P80
B.C.3000
傑姆德·那瑟時期
尼尼微第五時期
早王朝期
基什第一王朝成立？據信為英雄王吉爾伽美什大為活躍的時代。
吉爾伽美什
▶P142
阿卡德時代
首任君王薩爾貢［→P168］統一了蘇美與阿卡德。
B.C.2000
烏爾第三王朝時代
以蘇美語寫成的世界最古老法典《烏爾納姆法典》問世。
古亞述時代
古巴比倫時代
(伊辛·拉爾薩時代)
(巴比倫第一王朝時代)
在第六任君王漢摩拉比的時代，以阿卡德語寫成的《漢摩拉比法典》問世。
米坦尼王國時代
中期巴比倫尼亞時代
(加西特時代)
中期亞述時代
B.C.1000
(伊辛第二王朝時代)
新亞述時代
新巴比倫尼亞時代
阿契美尼德王朝波斯時代
B.C.331

系統性的文明則誕生於西元前五五〇〇年左右，相傳始於美索不達米亞南部的歐貝德（Ubaid）在地文化。而在約西元前三二〇〇年，蘇美人移居此地，為美索不達米亞帶來都市文明。歷經以歐貝德文化為基礎的烏魯克（Uruk）文化洗禮後，約於西元前三〇〇〇年成立了城邦國家。美索不達米亞文明便由此處往北部發展。

出身不同民族的統治者一再交替所譜寫而成的神話

一般為了方便理解會將美索不達米亞的北部稱為亞述（Assyria）、南部稱為巴比倫尼亞（Babylonia）來進行區分。巴比倫尼亞還可再分為北部的阿卡德（Akkad）與南部的蘇美（Sumer）。這些地名則源自統治該地區的國家名稱。美索不達米亞是連結東亞與非洲大陸，以及歐洲方面的交通要衝，有許多民族不斷在此進出，統治此地的國家也不斷交替。

首先是建立了正統城邦國家的蘇美人。這是起源與人種皆不明，充滿謎樣色彩的民族，但留下了以神殿為中心的都市以及楔形文字寫成的神話，可說是美索不達米亞神話的始祖。接著，是分布於西亞至非洲北部的閃米特（Semitic）語系民族——阿卡德人。阿卡德人雖征服了蘇美人並建立起龐大帝國，但並未否定蘇美人的文化，繼而發展出美索不達米亞神話。然後是同為閃米特語系民族的亞摩利人（Amorites）與埃蘭人（Elamites）。制定《漢摩拉比法典》的巴比倫第一王朝國王漢摩拉比（Hammurabi）即為亞摩利人。再者，還有與蘇美人同樣詳情成謎的加西特人（Kassites），以及住在小亞細亞（Asia Minor）的西臺人（Hitties）亦先後成為統治者。西臺人利用土耳其中部產出的鐵來製作武器，統治範圍不僅限於美索不達米亞，更擴展至埃及。對於古美索不達米亞人而言，所謂的文化就是，即便掌權的民族有所更迭，還是會被保存、蓄積下來的事物。

如此多元的民族在約莫3000年的漫長歲月裡，始終信仰著美索不達米亞神祇。因此緣故，許多神祇的名字與神話內容會隨著時代與民族而所有不同。美索不達米亞神話只是一個統稱，還可以再大略分為蘇美神話、阿卡德神話、西臺神話；而阿卡德神話根據語種又可再分為亞述神話與巴比倫尼亞神話。因此美索不達米亞神話並不存在著一套完整的故事。

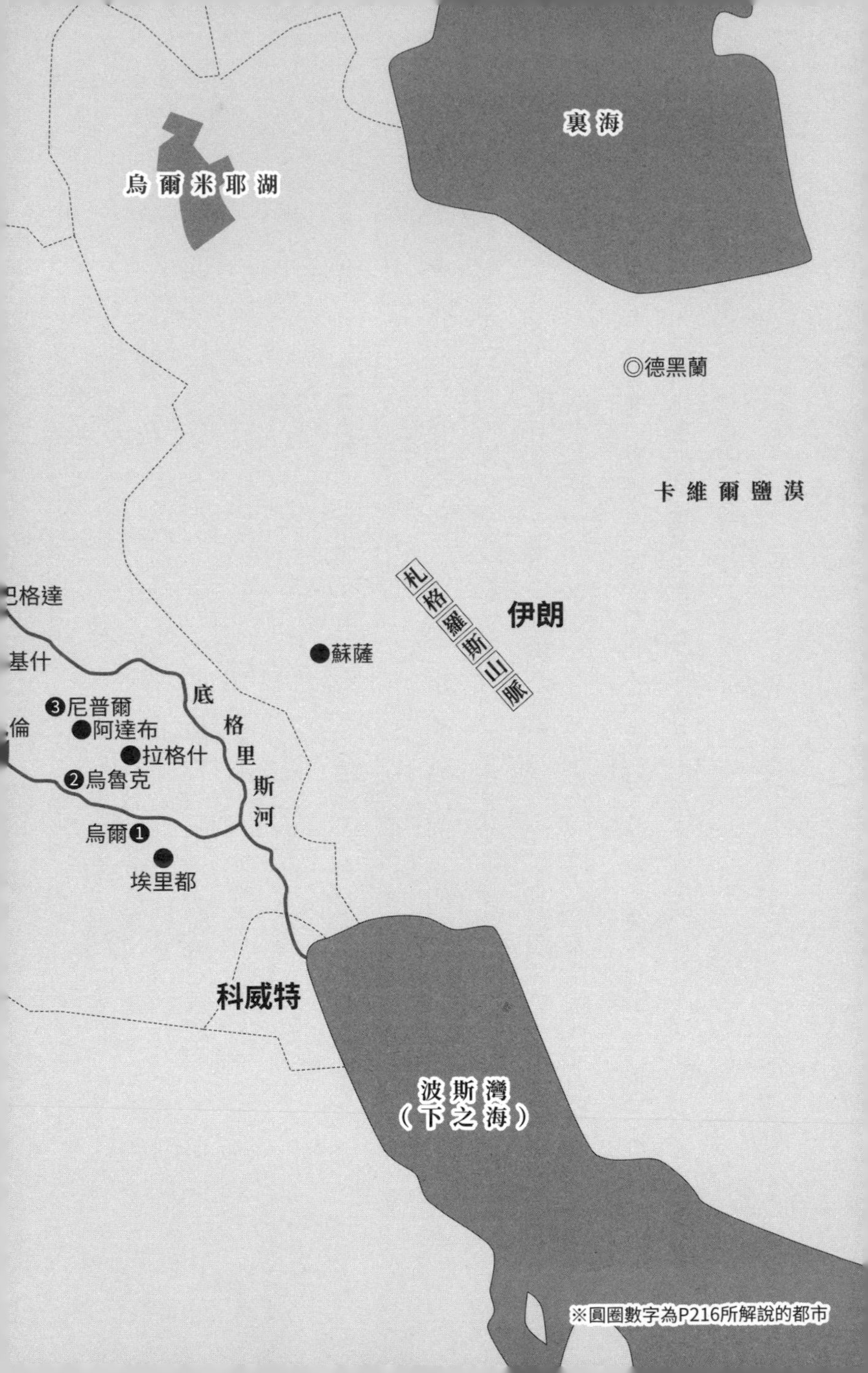

裏海
烏爾米耶湖
◎德黑蘭
卡維爾鹽漠
札格羅斯山脈
伊朗
巴格達
基什
●蘇薩
底格里斯河
❸尼普爾
倫
●阿達布
●拉格什
❷烏魯克
烏爾❶
●埃里都
科威特
波斯灣
（下之海）
※圓圈數字為P216所解說的都市

美索不達米亞的世界
●古代都市名
◎現代都市名
托魯斯山脈
土耳其
凡湖
尼尼
●阿勒坡(哈拉普)
●烏加里特
賽普勒斯
阿蘇
敘利亞
●帕爾米拉
●馬里
地中海
(上之海)
黎巴嫩
貝魯特◎
◎大馬士革
幼發拉底河
敘利亞沙漠
以色列
伊拉克
耶路撒冷◎
◎安曼
死海
約旦
◎蘇伊士
埃及
內夫得沙漠
沙烏地阿拉伯
紅海

刻鑿於泥板上的神話文學

活用大河的恩惠，發明文字進行記述

提到包含現在的伊拉克在內的西亞地區時，許多人最先聯想到的或許是以阿拉伯沙漠為代表的沙漠地帶。然而，美索不達米亞為沖積平原，2條大河有時會引發大規模的氾濫，透過搬運作用所帶來的沉積物則形成了遼闊的濕地。甚至連位於最下游的蘇美也到處都是叢生的蘆葦，儘管少有大樹與岩石，卻有取之不盡的泥沙與黏土。

蘇美人以蘆葦編草蓆，用泥土製磚塊，後來則將蘆葦桿削尖，透過刻寫的方式將文字記錄在以泥土捏成的板子上。這稱之為泥板文書，據悉原型約於西元前三三〇〇～前三〇〇〇年的烏魯克文化後期誕生。記錄於泥板文書上的則是與古埃及文明的象形文字並列為世界最古老文字的楔形文字。

楔形文字50音對照表

此為大致對應日文50音的一覽表。由於古蘇美語沒有符合日文「O段」以及部分字母的音節，只能以發音相近的文字來搭配。

WA	RA	YA	MA	HA	NA	TA	SA	KA	A
	RI		MI	HI	NI	CHI	SHI	KI	I
	RU	YU	MU	FU	NU	TSU	SU	KU	U
	RE		ME	HE	NE	TE	SE	KE	E
WO	RO	YO	MO	HO	NO	TO	SO	KO	O

楔形文字因為蘆葦筆所刻寫出的字體與三角木塊的形狀相似而得此名。早期的楔形大多曖昧難辨，比較接近以曲線來呈現魚或大麥等物品的圖畫文字，為了區別因而被稱為「原始楔形文字」。這些原始文字逐漸簡略化，最後發展成以楔形和直線組合而成的記號式形狀。

楔形文字就這樣伴隨著美索不達米亞文明走過3000年的歲月，並成為記載美索不達米亞神話的工具。換言之，即便統治者從蘇美人轉移成阿卡德人與西臺人，楔形文字依然被承襲沿用。

實際上，蘇美人之所以被認為起源不明的原因之一，便在於蘇美語擁有與周邊民族截然不同的語言體系。另一方面，阿卡德語被歸類為閃語族，而西臺語則屬於印歐語系。楔形文字被不同體系的各式語言使用，而有了多層面的進化。

被歷史遺忘的泥板令現代人大感驚奇

烏魯克文化後期正是城邦國家不斷在蘇美全境崛起的時期。一般認為，由於公共組織開始管理人民與土地，必須建立人口與農作物等資訊的資料庫，泥板文書才應運而生。因此，現存的早期泥板文書幾乎都是行政紀錄。

神話類型的故事群則於西元前二十九世紀左右，出現在蘇美人所建立的早王朝時代。在這個階段已有記載著創世神話與神祇故事的泥板文書問世，為了主張君王統治權的正統性，還設立了許多以楔形文字記錄君王與神祇關聯性的石碑與碑文。被譽為美索不達米亞文學最高傑作的《吉爾伽美什史詩》，其原著也是刻畫於泥板上以楔形文字寫成的故事。

後來，美索不達米亞神話便以蘇美神話為基礎，發展為阿卡德神話與西臺神話。然而，在西元前六世紀，將巴比倫設為首都的新巴比倫尼亞，被外國勢力阿契美尼德王朝波斯消滅，美索不達米亞文明因而急速衰退。在羅馬帝國愈發具有影響力後，遂被希臘化文化吸收，楔形文字也隨之遭到遺忘。

楔形文字重見天日，被研究解讀，則要等到許久之後的十九世紀。以英國考古學家亨利・羅林森（Henry. C. Rawlinson）為首的4名楔形文字研究者發起了破譯活動，4人所交出的翻譯幾乎一致，一八五七年因而被視為楔形文字的解讀年。由此再過了15年後的一八七二年，同為英國籍的考古學家喬治・史密斯（George Smith）則發現了現由大英博物館藏的泥板文書，其所記載的內容與《舊約聖經》的〈挪亞方舟〉故事十分相似，令世人大感驚奇。而這部泥板文書正是《吉爾伽美什史詩》。

美索不達米亞神祇特徵

不受改朝換代影響，一路延續下來的信仰

美索不達米亞神話是由統治美索不達米亞，使用不同語言的多種民族，透過楔形文字所寫下的神話群。因此這些神話可大分為3個體系，神祇的名字也多半不太相同。不只如此，神祇的屬性、性別與家族成員等也跟著有所變化。不過，這些神話並未隨著不同民族掌權而衍生出不同的內容，全根據同一個基礎發展而成。

而創造出這個基礎神話的，則是最初在美索不達米亞建立起都市文明的蘇美人。蘇美人所建立的初期城邦國家並非統一的王朝，而是好幾個國家林立的分治狀態，每個城邦皆奉祀著守護該都市的主神。

蘇美人的城邦國家，在其中一座名為烏瑪（Umma）的城邦攻占下，幾乎達

成統一狀態，但由阿卡德人形成的國家卻隨後滅了烏瑪，統一了巴比倫尼亞。那麼，蘇美人的神話與文明是否就此遭到全盤否定呢？實際上恰好相反，阿卡德人原本就與蘇美人有所交流，建立友好關係。因此，阿卡德人吸收了蘇美人的神話，並加入自身獨有的特色，令蘇美神話的體裁更為成熟洗練。

後來阿卡德國家不斷擴展勢力，阿卡德語遂成為周邊地域的官方用語，阿卡德神話同時也向下扎根。就連從西方開拔遠征的西臺人都以阿卡德神話為基礎，譜寫出自己的神話。

有時也會命喪黃泉的美索不達米亞神祇

蘇美神話被阿卡德神話接收後，再由西臺神話吸收，因此蘇美的神祇們也一併被保留下來。話雖如此，有些神祇的名稱卻有所差異，原因就在於儘管使用同一種楔形文字，但說出來的語言卻不相同所造成的。這個現象就類似日文和中文的漢字發音不同那樣。

由於存在著許多名稱不同但職能相同的神祇，例如在蘇美被稱為安，在阿卡德被稱為安努的天空之神「→P38」，有時就會被標記為「安（阿卡德的安努）」。

美索不達米亞的神祇乃自然現象或天體等事物的擬人化，外表雖與人類無異，卻擁有超凡的能力。其中最為強大的能力莫過於「尼」與「梅拉姆」，這兩者為神聖光輝，宛如盔甲般得以穿脫，能保護神祇的軀體。據悉「尼」會讓凡人產生敬畏之心，「梅拉姆」則是神性的證明。

然而，美索不達米亞神祇並非完美無缺。一般而言，神祇基本上為不老不死之身，但美索不達米亞的神祇是會死亡的。死因當然與疾病或壽命無關，但神祇之間可能會因為爆發衝突而喪命，或是像畜牧之神塔穆茲「→P106」般，代替其他神祇犧牲而死。相傳當神死亡時就會失去「尼」與「梅拉姆」。

此外，美索不達米亞神祇的喜怒哀樂皆相當分明，能從故事中感受到其人性化的一面。好比智慧之神恩基「→P48」就曾因為飲酒過量而出洋相，從這些趣聞軼事可知，這些神祇並非完美無缺的存在。

神祇體系

下表以系譜方式統整了古美索不達米亞神祇間最廣為人知的關聯性。這些神祇的婚姻關係與性別在漫長的歷史中有所改變，有些神話故事則以不同的系譜為基礎寫成。

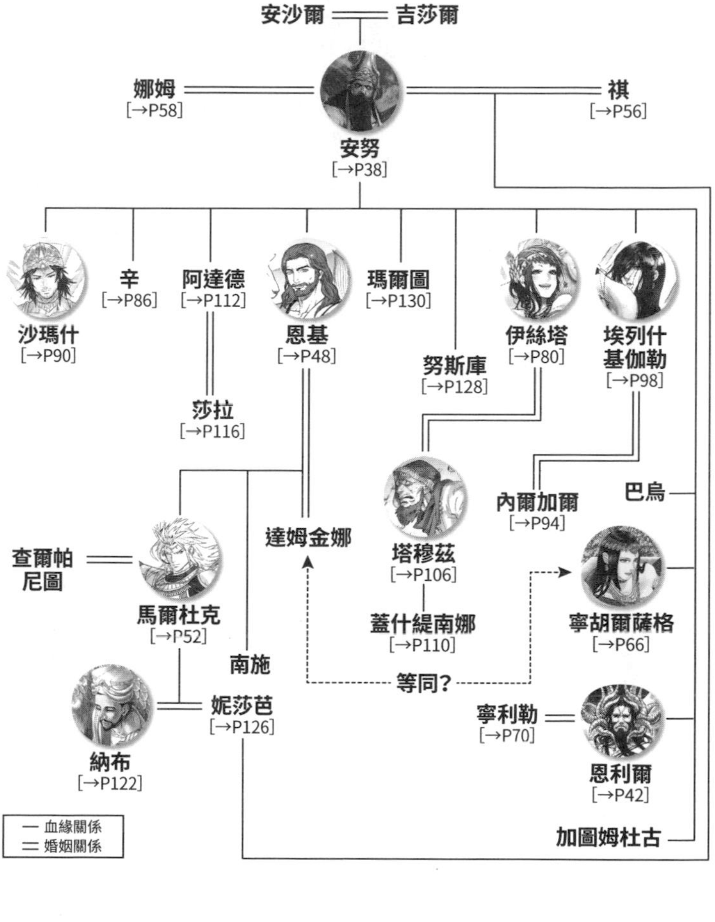

隨時代而異的世界起源傳說

流傳於美索不達米亞的2個創世神話

由於蘇美人生活於城邦國家林立的社會，一般認為原本便存在著多種神話。這點放諸講述世界起源的創世神話亦然。實際上，至今依然未發現將蘇美創世神話彙整成一套故事的泥板文書。因此，據信蘇美的創世神話是由提及世界起源的文書組合起來的。故事內容如下。

在世界誕生之際，只有原初之海女神娜姆〔→P58〕存在。娜姆誕下宇宙，宇宙則成為天空之神安（安努）〔→P38〕與大地女神祺〔→P56〕。安與祺結為連理，生下了大氣之神恩利爾〔→P42〕。恩利爾將天與地分開，令世界形成現在的狀態。他接著從父親安手中奪走母親祺，成為大地的統治者，並與祺成婚。相傳恩利爾與祺所生下的孩子即為人類。

承襲了這套蘇美神話的阿卡德人，據此發展出更多的故事而衍生出巴比倫尼亞創世神話。而這個創世神話則是記載於7片泥板上的一篇詩歌。美索不達米亞的文學作品習慣以開場詞句作為標題，這個故事也以開頭意為「天之高兮，尚未取名」的詞句，而被稱為《埃努瑪・埃利什（Enuma Elish）》。其內容如下。

在原初世界裡，淡水神阿普蘇〔↓P60〕與海水女神緹亞瑪特〔↓P62〕交融，誕下許多神祇。兩人的孫子女則生下了天空之神安努。安努等一眾年輕神祇玩樂打鬧，擾亂了世界的寧靜，對此大為光火的阿普蘇打算將他們除之而後快，卻反遭安努之子——智慧之神埃亞（蘇美的恩基）〔↓P48〕殺害。不但如此，身為埃亞之子的太陽神，後來亦成為巴比倫尼亞至高神的馬爾杜克〔↓P52〕也同樣喧嘩吵鬧，惹得緹亞瑪特動怒，派出了由11頭怪獸組成的軍團來消滅他。不料怪獸軍團反被馬爾杜克擊潰，並以落敗的緹亞瑪特遺骸創造出天地。

美索不達米亞神話的世界觀

被分割成天與地的緹亞瑪特遺骸

在美索不達米亞人們的觀念中，世界究竟呈現出何種構造呢？接下來就從講述馬爾杜克〔→P52〕利用緹亞瑪特〔→P62〕遺骸創造世界的《埃努瑪．埃利什》故事，來一探究竟。

馬爾杜克將緹亞瑪特的身體如同二枚貝類般撕成兩半，接著高高舉起其上半身，形成蒼穹，下半身則予以平放，形成大地。天空被布滿了點點繁星，東邊與西邊的盡頭則設有通往天界與冥界的階梯。緹亞瑪特的其他部位也被發揮得淋漓盡致，頭部成為山，乳房化為特別巨大的山脈，尾巴則變成天與地的交接處。相傳原初女神緹亞瑪特並未徹底呈現出人類女性的外型，身上有著一條如龍般的尾巴。此外，由於緹亞瑪特的身體含有海水，因此馬爾杜克令水從緹亞瑪特頭

美索不達米亞的宇宙觀

在美索不達米亞人們的認知裡，大地為平坦圓盤狀，世界分為由人類居住的人界、眾神居住的天界，以及包含神祇在內的亡者們前往報到的冥界。

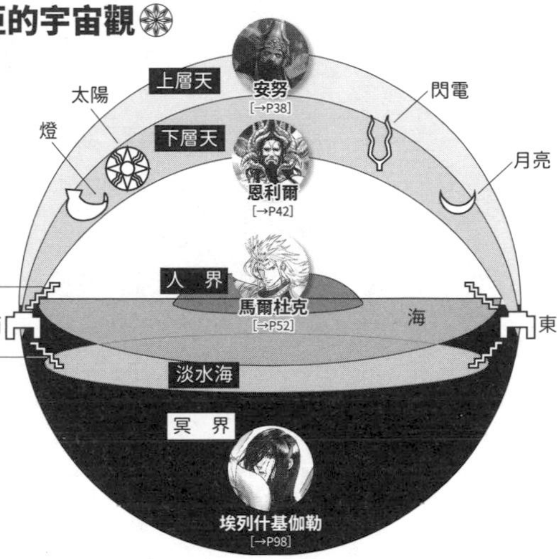

部與乳房變成的山中湧出，流經其雙眼後，形成了底格里斯河與幼發拉底河。

進化為天與地雙層構造的世界再度被細分，形成了由安努統治的上層天、恩利爾統治的下層天、馬爾杜克所統領的人界，地下則有淡水海與冥界，共為5層的構造。相傳蘇美人所認為的世界構造分為天、人、地下的3層，大地則呈現圓盤狀。在《埃努瑪・埃利什》中亦可見到與此類似的內容或共通點，由此可知阿卡德人在這個部分也承襲了蘇美人的文化。

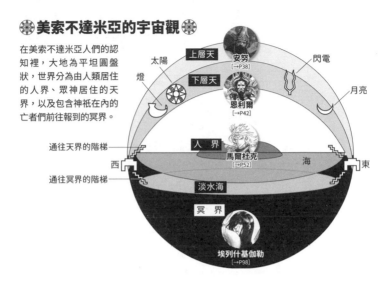

古美索不達米亞人的信仰

被造來為神效勞的凡人

美索不達米亞的人們相信自己是「為了服務神祇而存在」。此想法的由來則可追溯至蘇美人的人類誕生神話《恩基神與寧瑪赫女神》。這個故事描述，在開天闢地後，由於神祇的人數暴增，眾神必須自行耕田、開鑿運河，令他們叫苦連天。於是智慧之神恩基提議「以黏土來捏出代替眾神的勞動者」。響應這項提議的原初之海女神娜姆與大地女神寧瑪赫遂造出人類。

其實蘇美人的人類誕生神話與創世神話一樣，存在著多種版本。在《恩利爾神創造十字鎬》故事中，則提到人類是由大氣之神恩利爾所造，但並未交代人類誕生的來龍去脈。因此，一般提到蘇美人的人類誕生神話，多半是指《恩基神與寧瑪赫女神》的內容。此外，據信寧瑪赫為豐收女神寧胡爾薩格〔→P66〕的別名。

「人類是代替眾神勞動的存在」這項觀念亦延續至《埃努瑪・埃利什》。在《埃努瑪・埃利什》中想出創造人類這個點子的智慧之神埃亞（Ea），相當於恩基，這點也與蘇美神話頗為類似。兩者不同之處則在於造人的「材料」，在《埃努瑪・埃利什》中，巴比倫尼亞的至高神馬爾杜克是以原初女神緹亞瑪特的兒子金固〔→P200〕之血造出人類。

美索不達米亞人民亦即所謂的神的僕人。神對他們來說乃又敬又畏的存在，對其祈求個人的願望實屬大不敬。這項觀念則衍生出「個人神」信仰。個人神是老百姓們各自信奉的守護神，地位相對較低，據信會替人們將心願傳達給城邦主神之類的上級神祇知曉。

以「神的住家」為中心的日常生活

不僅是庶民信仰個人神，就連君王也不例外。美索不達米亞的君王並不被視為下凡入世的神，而是由神授予王權的大祭司，在神的面前與庶民一樣都是僕從。在阿卡德人國家成立後也曾出現過自封為神的君王，但地位比城邦主神等重要神祇低，屬於下級神祇，因此個人神信仰亦延續至後來掌政的國家。

身為「神之旨意代理人」的君王，最重要的工作是為神打造在人間的住家，亦即興建與維護神殿。神殿因而成為君王展示權力的象徵，規模變得愈來愈大，約於西元前二十三世紀時發展成被稱為塔廟（Ziggurat）的宗教建築。如同Ziggurat在阿卡德語所代表的「往上加高」之意，塔廟就是將磚塊如同山丘般往上堆疊所建造而成的。據信原本為神殿的底座部分不斷被加高，形成多層結構，藉此呈現出神之領域位於高維度空間的視覺效果。據悉《舊約聖經》中出現的巴別塔（Babel），其原型就是取自城邦國家之一的巴比倫塔廟。

美索不達米亞的都市就這樣以宗教設施為中心發展起來，人民的生活與宗教形成緊密連結。代理君王職務的祭司可稱作是菁英中央公務員，每當君王任命高級祭司時就會成為該年度最重大的新聞並確實留下紀錄，可見祭司的影響力有多大。

相傳其中又以負責占卜的祭司最獲重視。因為占卜乃得知神之意向的方法。實際流傳下來的占卜紀錄則以內臟占卜為最大宗。內臟占卜是指，觀察用來獻祭

❀烏爾的塔廟復原想像圖❀

南美索不達米亞的許多地區皆建有塔廟。尤其是奉祀月神辛［→P86］的烏爾塔廟，保存狀態良好，在面積約為64m×46m的腹地中，規模約莫高達12m。研判當時甚至還有高度超過40m的巨大塔廟。

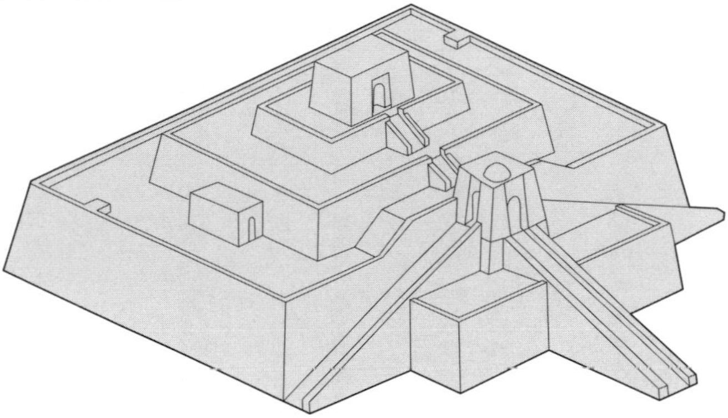

的動物內臟以判斷吉凶的占卜術。其他還有夢境占卜，以及在後來的時代所使用的占星術。

此外，為神舉辦的祭典更是一大盛事。比方說於西元前七世紀立國的新巴比倫尼亞王國的新年祭，進行了為期11天的儀式來獻給馬爾杜克。《埃努瑪．埃利什》則是在儀式第四天被朗讀的詩歌。

何謂《吉爾伽美什史詩》

講述生命終有一天必會結束的普遍性故事

《吉爾伽美什史詩》是以蘇美城邦國家烏魯克王——吉爾伽美什［↓P142］為主角的英雄故事，乃人類史上最古老的文學作品之一。據信原本是蘇美人的創作，後由阿卡德人與亞述人接棒，編寫成長篇故事。現有亞述與古巴比倫尼亞等多種版本存在，在吉爾伽美什的故鄉烏魯克亦有經發掘後出土的版本。被視為標準版的則是以阿卡德語寫成的阿卡德版。與阿卡德版內容幾乎相同的亞述版與古巴比倫尼亞版，據估約由3600行詩句構成，現存尚能辨識內容的版本，篇幅大概只剩一半，因而無法釐清故事全貌。

然而，僅憑被破譯的部分其實已能充分掌握貫穿整篇故事的主旨。那就是「生命必定會結束」以及「人終究難逃一死」的普遍真理。

早年的吉爾伽美什是一名暴君，大地女神阿如如（Aruru）因而造出野人恩奇杜〔↓P150〕來與吉爾伽美什對戰。孰料，吉爾伽美什與恩奇杜不打不相識，竟結為好友。兩人遠征杉樹森林，擊敗了魔獸渾巴巴〔↓P178〕。在這個時期已蛻變為明君的吉爾伽美什，拒絕了愛之女神伊絲塔〔↓P80〕的誘惑，勃然大怒的伊絲塔遂拜託天空之神安努，將「天牛」送往烏魯克來教訓吉爾伽美什。吉爾伽美什與恩奇杜聯手打倒天牛，恩奇杜卻因為殺害渾巴巴與天牛而遭天神降罪，一命嗚呼。

歷經好友死亡悲劇的吉爾伽美什，因而想獲得永恆的生命。他向擁有不死之身的烏特納皮什提姆（阿特拉．哈西斯〔↓P154〕）詢問長生不死的祕密，卻未得到明確的回答。不過，烏特納皮什提姆倒是大方告知有一種靈草可以令人青春永駐。吉爾伽美什喜孜孜地取得了此草，然而當他順道在清泉中沐浴時，靈草卻被蛇吃掉。故事就在吉爾伽美什終究無法獲得永生而於焉落幕。

約於西元前一～二世紀問世的泥板。內容感嘆因都市遭到破壞，
導致伊絲塔的權威一落千丈（大都會藝術博物館藏）

第2章 創造世界的神祇

Anu

安努

別名 安

美索不達米亞神話的至高神

安努是蘇美、阿卡德等古美索不達米亞神話中的至高神。他與大地女神祺〔→P56〕交合，生下眾多神祇。其中則以大氣之神恩利爾〔→P42〕最為有名。安努在日後將所有職權轉讓給兒子們，因而被視為「無所事事之神」。他頭戴可稱之為神性象徵的角冠，大多以蓄鬍男性的樣貌示人。

《埃努瑪・埃利什》

相傳約於西元前十二世紀，於巴比倫被編纂而成的創世神話。標題則取自開場詞句「Enuma Elish」（意為居於至高之處時）。這部神話中的造物神為淡水神阿普蘇［→P60］與海水女神緹亞瑪特［→P62］。安努則是兩人的孫子，但未有活躍的表現。畢竟這部神話的主角為太陽神馬爾杜克［→P52］。因為這是用來提升巴比倫城邦主神馬爾杜克的權威所編寫的故事。

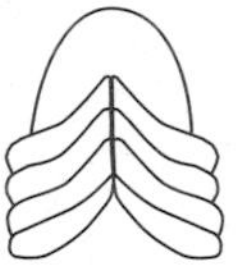

符號 角冠

神格 太陽神、天空神、星神、造物神

信仰地區 烏魯克

掌管天空的美索不達米亞至高神

提到美索不達米亞神話的最古老神祇，自然不能漏掉安努。他是天空之神，亦為眾神之祖。相傳他頭戴角冠，樣貌與人類的蓄鬍男性無異。

在蘇美神話中，安努被稱為安（An），是掌管天空的神祇。他與大地女神祺交合，生下大氣之神恩利爾。據神話描述，在恩利爾出生之際，原本相連的天與地隨之分離，安努帶走天空，恩利爾則將母親，亦即大地帶往地面。安努不只有恩利爾這個兒子，在這之後還陸續生下了水與智慧之神恩基〔↓P48〕，以及愛與豐收女神伊絲塔〔↓P80〕等許多神祇。

另一方面，安努與人類的誕生沒有太大關聯，一般認為創出人類的主要人物為其兒子恩利爾與恩基。

將實權讓給兒子的「無所事事之神」

儘管身為至高神，但安努的活躍表現僅停留於創造世界的階段，在這之後，大權皆由兒子恩利爾掌管。實際上，安努似乎未擁有太大的權限。

日後恩利爾創造了人類來代替眾神勞動，但隨著人口不斷增加，令眾神疲於應付而打算透過洪水來消滅人類。此時的決定權亦掌握在恩利爾手中，安努僅是出席神界會議的一員而已。不僅如此，在巴比倫的創世神話中，新神與舊神對立交戰之際，安努也只是一名旁觀者。通常造物神大多扮演著舉足輕重的角色，但安努將這些職權都讓給了兒子，甚至被形容為「無所事事之神」。

即便如此，安努貴為至高神依然是不變的事實。相傳在安努的聖地還以人工堆砌出山丘，將神殿建於其上。此外，由西臺人所彙整而成的《庫馬爾比神話（Kumarbi）》當中，描述安努奪走了原本的天空之神阿拉盧（Alalu）寶座，雖曾一度遭到反擊，後來順利復仇，成功篡奪工權，展現出有別於蘇美神話的好戰姿態。

如同先前所述，即便美索不達米亞的文明不斷推陳出新，但原有的神祇會與下一個時代的神祇融合，因此安努的存在才得以持續流傳下來。

Enlil

恩利爾

別名 努納姆尼爾

代替父親統領眾神的兒子

父親為天空之神安努【↓P38】、母親為大地女神祺【↓P56】，生來便是大氣之神的恩利爾，從父親手中搶走母親後降臨地表。雖創出人類，後來卻企圖消滅人類。與妻子穀物女神寧利勒【↓P70】間有月神辛【↓P86】、冥神內爾加爾【↓P94】等孩子。相傳其樣貌為蓄鬍男性，但因過於高貴而無法目視。

埃庫爾神廟

埃庫爾（Ekur）一詞為山屋之意，相傳這座建築物是由恩利爾親自建造的。一旁則矗立著意為連結天地之屋的聖塔埃杜爾安基。此聖地如其名所示，負責連結天與地。此外，一八八八年美國調查團針對西元前一五〇〇年代的尼普爾（Nippur）遺址進行挖掘之際，證實了埃庫爾神廟確實存在。

符號 角冠

神格 大氣之神、風暴之神、秩序之神 等

信仰地區 尼普爾

坐騎 祖

至高神安努的偉大兒子

恩利爾在蘇美神話為大氣之神，是至高神安努之子，但在後來的神話中比父親更為廣受信仰。恩利爾信仰不僅限於蘇美時代，在阿卡德人掌政後依然延續不斷，民眾因恩利爾而產生向心力，令其被稱為神中之神，甚至被譽為至高神。

恩利爾的樣貌被描繪成留著鬍子的男性，頭上戴著象徵神性的角冠，手裡則拿著記錄著萬物命運，被稱之為「天命泥板（Tupsimati）」的物件。雖然恩利爾大多被畫成人類的外型，但有一說指稱由於他的模樣太過神聖，其他神祇別說目睹其尊容，甚至連覆蓋在其周身的靈氣也不得見。

恩利爾的父親是被奉為至高神的天空之神安努，母親為大氣女神祺。然而，恩利爾甫出生便隨即與父親分開。相傳世界在誕生初期，天與地是連為一體的，安努的父親將天搶走後飛升到空中，恩利爾則帶走身為大地的母親，降落在地上。

掌管人類生殺大權的大神

恩利爾與安努同樣都是造出許多神祇的造物神，相傳每當眾神有事要商議時就會在恩利爾的神殿開會討論。由於其父親安努為最高神，所以會議是由包含恩利爾與安努在內的「掌管命運七神」所召開的。不過安努已將實權讓給兒子，退居為「無所事事之神」，因此決定權是掌握在恩利爾手上。

經由開會所決定的世界與眾神命運，會被寫進恩利爾所持有的天命泥板中，恩利爾會根據它來執行決議事項。而他所下令執行的事項之一則發展成洪水傳說。

每當神祇人數增加時，在神界就會多出很多諸如建造神殿之類的繁瑣勞動。被迫勞動的神祇們開始發出不滿聲浪。眾神商量過後，決定造出人類來代替神祇進行各種勞動。然而，暴增的人類所展現出的傲慢態度令恩利爾感到光火，因而策畫引發洪水來消滅人類。

流傳至現代的則是以蘇美語版刻畫而成的《大洪水傳說》。根據泥板記載，這項計畫在最後關頭，被恩利爾的弟弟——智慧之神恩基〔↓P48〕洩漏給人類知曉，因此有一部分人在大洪水後倖存下來。相傳恩利爾這才打消了消滅人類的念頭。

無論是人禍還是天災都是「恩利爾的旨意」

在神界中位高權重的恩利爾，性情卻極為暴戾。不光對人如此，對神也同樣暴虐。《恩利爾與寧利勒》這首詩歌提到，某天，恩利爾對穀物女神寧利勒一見鍾情，竟然霸王硬上弓，後來因為這項罪行而被下放到冥界。當時肚子裡已懷有月神辛的寧利勒因而追往地府，恩利爾則三度欺騙寧利勒，令其生下孩子，並以在冥界出生的三神作為自己的替身，與辛一同回歸神界。這與日本神話中的黃泉國故事頗為相似，不過恩利爾蠻不講理又自私自利的程度卻是有過之而無不及。

正因為恩利爾蠻橫不講理，所以當時信仰他的民眾因而認為所有的命運都是根據恩利爾的旨意而運轉。實際上，發動戰爭時也會假借恩利爾的名義，君王則以恩利爾的代理人自居來執政。

不只如此，遭到異族攻占、遇到飢荒、暴風雨、洪水等天災，也都被認為是恩利爾的旨意。從恩利爾打算利用洪水來消滅人類的神話便可得知，蘇美人所居住的地帶自古以來就是頻繁發生洪災的地區。從這些古籍中可讀取到諸如洪水之類的天災紀錄、面對戰爭頻仍的古美索不達米亞人的思想，以及地理環境等資訊。

決定眾神與人類命運的恩利爾職權，從蘇美一路延伸至阿卡德時代，歷久不衰，直到巴比倫王國崛起後，這個地位才被其姪子，亦即巴比倫的城邦主神馬爾杜克〔→P52〕取代。

根據巴比倫神話《埃努瑪．埃利什》所述，在海水女神緹亞瑪特〔→P62〕所率領的軍團與眾神爆發戰爭之際，相傳恩利爾將軍權移交給馬爾杜克後，親赴沙場作戰。這其實等於交出了統領眾神的主導權。在蘇美、阿卡德神話中呼風喚雨，斬獲至高神地位的恩利爾，在此交棒，下台一鞠躬。

Enki

恩基

別名 埃亞

住在地底深處的智慧之神

父親為安努［→P38］，兄長為恩利爾，出身高貴，擔任宰相統帥眾神的恩基，是創造人類，也是不吝為眾神提供建言，生性慈愛的天神。他住在位於地底深處的都市，也是眾所皆知的水神與豐收之神。恩基通常以人類形象示人，有些神話則會將其描繪成半人半魚的形態，是與水有極深淵源的神祇。

符號 湧水之壺

神格 智慧之神、水神、美術工藝之神、咒術之神

信仰地區 埃利都

坐騎 山羊魚

世界規範「密」

密（Me）是恩基的持物，這是從遠古時代經由眾神守護下來，代表世界規範的物件。相傳密的形狀千變萬化，有時似泥板、有時如冠冕般可以戴在頭上、穿戴在身上、又可如寶座般讓人端坐其上，但真實的樣態卻不得而知。密是口傳下來的規範，據悉內容超過100條。某次愛之女神伊絲塔［→P80］趁著恩基喝得爛醉之際，奪走了「密」。相傳她擺脫了恩基所派出的異形怪物追蹤，順利將密帶回自己的國度。

2018

充滿知性又慈悲為懷的水神

父親為安努，兄長為恩利爾的恩基，在美索不達米亞神話中乃位居核心的神祇之一。恩基被奉為智慧之神與水神，相較於哥哥恩利爾，處事理性而且慈悲為懷。

由於眾神對於每日的辛苦勞動抱怨連連，為了解決此情況，恩利爾決定造出人類來代勞。不過其他神話則描述，恩基是聽從人類之母，亦即原初之海女神娜姆〔→P58〕的建議，才創出人類。實際上，恩基可說是這整部神話中最疼愛人類的神祇。某天，對人類感到厭煩的恩利爾打算引發洪水來消滅人類。在神界中唯有恩基出言反對這項做法。在洪水計畫拍板定案後，恩基將這項計畫洩漏給自己的信眾知曉，助其逃過一劫。對此恩利爾當然是怒火中燒，但總算放棄對人類趕盡殺絕，人類才得以倖存下來。從這則故事來看，恩基是既慈悲又穩重的神祇，但同時他也具有動輒偷腥出軌的另一面，著實令人玩味。

聰明睿智卻愛亂伸狼爪

恩基與豐收女神寧胡爾薩格〔→P66〕是一對感情和睦的夫妻。然而，恩基竟然與妻子所生的親女兒寧薩爾（Ninsar）發生關係，生下一女。接著還染指這名女兒，以及陸續誕生的女兒，令她們懷有身孕。寧胡爾薩格對此感到震怒，將恩基折磨得死去活來。

在另一則神話中，恩基與愛之女神伊絲塔飲酒作樂，醉得一蹋糊塗，在伊絲塔的慫恿下，犯下錯誤，將彙整了世界規範的「密」交了出去。酒醒後的恩基非常後悔，奮力要追上逃之夭夭的伊絲塔，卻望塵莫及，最後只得作罷。恩基雖貴為智慧之神，卻有很多充滿人性的故事。

恩基的主城是被稱為深淵之都的埃利都（Eridu），此地過去似乎為濕地，有水流動，因此恩基的象徵為魚、船、水等物。恩基亦被喻為掌管世界命運的天神，相傳會乘船前往各地都市，制定規則，並將這些條文記錄於「密」。

Marduk

馬爾杜克

別名 阿瑪爾圖

晉升為主神的巴比倫尼亞地方神

馬爾杜克從前只是巴比倫尼亞的地方神，隨著巴比倫尼亞王朝崛起，擠下原本的至高神恩利爾〔↓P42〕，成為神界的核心。在巴比倫的創世神話《埃努瑪．埃利什》中，則以恩基（在此神話中稱為埃亞）之子的身分登場。故事中最精彩的橋段，莫過於他與祖母，即海水女神緹亞瑪特〔↓P62〕之間的激烈對戰。

符號 鋤頭

神格 太陽神、咒術之神、戰神

信仰地區 巴比倫尼亞、庫爾

坐騎 姆修菲修

馬侖

馬爾杜克所持有的形似鋤頭的武器。這項物件具有三角刃，形狀與鏟子十分相似，因此有一說認為這可能是農具而非武器。由於馬爾杜克原本為農神，或許才會佩帶這樣的武器。鋤頭標誌則以類似箭頭的形狀來表示，這也是長期出現於新蘇美時代至新巴比倫尼亞時代的符號。

隨著巴比倫的興盛而登上主神寶座

在巴比倫還只是蘇美其中一個城邦的時期，馬爾杜克也不過是一介地方神祇。然而，隨著巴比倫王朝的統治區域不斷擴張，馬爾杜克遂逐漸取代原本的至高神恩利爾，成為王朝主神。

美索不達米亞神祇大多具有人類的外型，馬爾杜克通常被描繪成蓄鬍，身材高挑的男性，不過有時也會以雙頭、四眼與四耳、口吐烈火的異形樣貌示人。

馬爾杜克手持形似鋤頭的武器，拿著決定命運的「天命泥板」，率領著7種惡風與風暴戰車，以及蛇神。如同此形象所示，他是掌管戰事的神祇，相傳擁有引發洪水、山崩地裂的神力。

另一方面，馬爾杜克也是一位造物神。據巴比倫尼亞神話《埃努瑪・埃利什》所述，在海水女神緹亞瑪特率軍企圖殺害一眾年輕神祇而發動突襲時，馬爾杜克受到眾神的支援，領軍打敗了緹亞瑪特。接下來還以緹亞瑪特的遺體造出天與地，並以緹亞瑪特軍團的指揮官金固〔→P200〕之血造出人類。

名留《舊約聖經》與《漢摩拉比法典》

馬爾杜克與蘇美神話融合後，被賦予各種屬性，成為太陽神、再生之神、農耕之神、造物神以及咒術之神等，擁有絕對的權力，君臨神界。他在民眾之間亦享有壓倒性的人氣，在新年慶典的最終日，被妝點得華麗耀眼的馬爾杜克像凱旋而歸，熱鬧非凡的景象甚至被記載於《舊約聖經》裡。

巴比倫的《漢摩拉比法典》亦留有神界主權從至高神安努〔→P38〕轉移至恩利爾接著移交至馬爾杜克的記述。君王即位之際，呼喊「恭握馬爾杜克神之手」來舉行儀式乃一般慣例，即便是馬其頓國王，亦或接連遠征東方的亞歷山大大帝也不例外。

承上所述，馬爾杜克之名經常出現於各種政治場合裡，由此可感受到巴比倫王朝始祖——漢摩拉比想要藉著將馬爾杜克升格為主神，來凝聚人民向心力的意圖。

Ki

祺

神格　大地女神

蒙上神祕面紗的大地女神

無論查閱哪一部神話，有關大地女神祺的記述皆寥寥可數。然而，祺在古美索不達米亞神話中卻是地位重要的女神。她既是孕育萬物之母的大地神格化，也是至高神，天空之神安努〔→P38〕的配偶。

女神祺主要出現於講述世界起源的神話故事。據蘇美神話記載，祺誕生自被稱為「原初之海」的女神娜姆〔→P58〕。娜姆生下了天空之神安努與大地女神祺，相傳安努與祺誕生時緊緊相連在一起。兩人交合後產下大氣之神恩利爾〔→P42〕。然而，隨著恩利爾出生，天與地也跟著分離，安努抓住天空翩然而去，恩利爾則帶走了母親女神祺，降臨地表，成為大地的統治者。

祺的登場橋段僅限於創世部分，內容只提到她是安努的妻子。至於祺是否實際受到信仰、是否在何處建有神殿則一切不明。而且，「祺」這個名字亦代表冥界之意，此詞彙在後來問世的神話中也不斷出現，還有講述恩利爾的孩子們被送往「祺（冥界）」的神話流傳下來。此外，古蘇美人以安努的蘇美語讀音「安」搭配「祺」組成「安祺」一詞來稱呼宇宙。

美索不達米亞神話中亦有其他大地女神存在，例如智慧之神恩基〔↓P48〕的妻子——寧胡爾薩格〔↓P66〕。祺在後來的時代便與寧胡爾薩格的神話融合。寧胡爾薩格亦被認為等同於穀物女神與生產女神，以大地母神之姿而廣受信仰。或許因為祺是非常早期的神祇，才會留下這麼多的謎團。

美索不達米亞神祇在造出人類後又企圖消滅人類。而且神祇之間也會發生衝突，不過無論是在哪一篇神話都看不見眾神之母祺的身影。

Nammu
娜姆

神格 原初之海女神

造出天與地的原初之海

關於生下天空之神安努〔↓P38〕的女神，流傳著好幾個人選，其中一位則是娜姆。娜姆為「原初之海」，據信是在世界誕生後便已存在的古老神祇。在遠古時代，世上唯有她一人存在，接著她產下安努與大地女神祺〔↓P56〕。在這部故事中，就連智慧之神恩基〔↓P48〕都是由娜姆所造出的，她被描寫成造物神，創出了許多神祇。

娜姆不只造神，也與人類誕生神話有很深的關聯。某天，下級神祇找上娜姆之子恩基，針對勞動一事大吐苦水。負責建造神殿等工程的這些神祇，因受不了繁雜的工作而跑到恩基面前哭訴委屈。

聽說這件事的娜姆建議兒子「請發揮你的智慧，助眾神免於勞動之苦吧」。恩基聞言表示「還請母親您揉捏黏土來造出替代物」，接著便如其所言，人類繼而誕生於世。換言之，真正造出人類的神祇其實是娜姆。

在古美索不達米亞，人們相信在地底深處有著一片被稱為阿普蘇的淡水海域。由於阿普蘇的別名「恩格爾」，與娜姆使用同樣的文字，因此也有一說推測，娜姆並非分布於地表的鹽水海洋，可能是流淌於地底的淡水之海神格化。

娜姆跟女兒祺一樣，並沒有太多故事傳世。古老的女神們往往被埋沒於歷史洪流中，只剩虛名。然而，如同祺逐漸被視為等同於豐收女神寧胡爾薩格〔→P66〕一般，娜姆也被認為是在後來的時代登場的海水女神緹亞瑪特〔→P62〕的原型。

Apsu
阿普蘇

神格 淡水神

慘遭兒子殺害的淡水神

蘇美神話與阿卡德神話中的「阿普蘇」並非神祇，而是隸屬智慧之神恩基〔→P48〕管轄領域的土地名。這個詞彙亦成為英文中代表深海、渾沌、地獄之意的「abyss」語源。

恩基過去居住於地底深處的都城，相傳該地有一片淡水海。古美索不達米亞人相信位於地表的河川與湖泊等是因為地底的水流外洩所形成的，因而會將湧出聖水的土地神格化。這類土地被視為「神聖場域」、「掌管文明的處所」而享有盛名，不只是恩基，相傳他的妻子達姆金娜（Damkina）與兒子馬爾杜克〔→P52〕，以及母親娜姆亦居住於此地。

阿普蘇原本只是虛有名號的神祇，但隨著時代推移，他在巴比倫尼亞的創世神話《埃努瑪．埃利什》中則成為造出眾神的關鍵人物。

在世界與神祇皆尚未誕生的時代，阿普蘇與妻子海水女神緹亞瑪特［↓P62］乍然出現，生下了以恩基為首的各類神祇。然而，隨著年輕神祇的增加，世界變得喧嘩吵鬧，覺得受不了的阿普蘇向妻子緹亞瑪特透露「想殺掉這些孩子」的念頭。身為眾神之母的緹亞瑪特只能軟言相勸好生安撫一番，但阿普蘇不聽勸，依舊企圖殺害新生的神祇。

而阿普蘇的這個想法則被其中一位神祇察覺。那就是他的兒子恩基。恩基先下手為強，令阿普蘇昏睡後奪走其衣物與頭冠並加以殺害，更令人咋舌的是，他竟將住家建於父親的遺體之上，與妻子翻雲覆雨，生下了太陽神馬爾杜克。緹亞瑪特對此大為震怒，對自己的孫子馬爾杜克發起了血債血還的戰爭。

新神殺害舊神的情節，在神話故事中就好比必經的過程般，但阿普蘇並未做出任何抵抗行為，就這樣默默死在兒子手中。有趣的是，為夫報仇的緹亞瑪特故事反而占了很大的篇幅。

Tiamat

緹亞瑪特

究竟是善良的慈母神抑或凶神惡煞

緹亞瑪特是巴比倫創世神話中的海洋女神，丈夫為淡水神阿普蘇［→P60］。她是在世界誕生前便已存在的遠古神祇，相傳與阿普蘇造出許多神。一直以來顯得沉穩又溫柔的緹亞瑪特，最終卻成為心狠手辣的凶神惡煞，為了向眾神報殺夫之仇，造出11隻怪物［→P198］發動攻擊。

拉赫穆（Lahmu）與拉哈穆（Lahamu）

拉赫穆與拉哈穆為一對男女神，乃阿普蘇與緹亞瑪特的孩子。據巴比倫尼亞神話《埃努瑪．埃利什》描述，他們生下了天空之神安努［→P38］的雙親——安沙爾（Anshar）與吉莎爾（Kishar）。緹亞瑪特麾下的魔獸之一的海怪［→P205］，以及為尋回世界規範「密」，而奉智慧之神恩基［→P48］之命，追拿女神伊絲塔［→P80］的水怪，也都使用拉哈穆這個名字。日後在《舊約聖經》中亦可見到名為拉哈穆的怪物登場。

神格 海水女神

《埃努瑪・埃利什》中的眾神之母

緹亞瑪特在巴比倫尼亞創世神話《埃努瑪・埃利什》中，乃海水的神格化，也是最早出現的神祇之一。在天與地尚未有名稱之前，淡水神格化的男神阿普蘇與海水女神緹亞瑪特於焉現形。兩人交相融合，生下了許多神祇。相傳緹亞瑪特的外型為「巨龍」，長著粗大的尾巴與犄角，左右各有2隻眼睛，與後來登場的孫子馬爾杜克〔↓P52〕在外貌上具有共通點。

緹亞瑪特乃眾神之母，是一名性情溫和的女神。然而，相繼誕生的神祇們逐漸喧嘩吵鬧起來，緹亞瑪特的丈夫阿普蘇對此情況感到光火，因而打算殺害年輕神祇。緹亞瑪特在這個階段尚無法贊成丈夫的想法，只能出言安撫「你大人有大量，就別跟他們計較」，展現出慈母和藹的一面。直到智慧之神恩基因得知父親的意圖而先下手為強，殺害了阿普蘇，緹亞瑪特的態度才產生了180度的轉變。

被碎屍萬段造出世界

在丈夫死後，緹亞瑪特為了報仇而造出了11頭魔獸。她將指揮權交給其中最為信賴的金固［→P200］，派出長著7顆頭的蛇、龍、半人半蠍等外型可怖猙獰的怪物襲擊神界。金固所率領的緹亞瑪特魔獸軍團與群起反擊的太陽神馬爾杜克軍團激烈交鋒，得知眾神將軍權授予馬爾杜克的緹亞瑪特軍被殺得措手不及，因而敗下陣來。馬爾杜克接著親手將緹亞瑪特的遺體大卸八塊。

在馬爾杜克的安排下，底格里斯河與幼發拉底河從緹亞瑪特的4隻眼睛中流淌而出。他還將緹亞瑪特的頭蓋骨打碎，並將其身軀撕成兩半，一半作為天、一半作為地，乳房則形成大山。他將天界的大神殿建於此山，供眾神居住，緹亞瑪特的身體徹底成為創造世界的素材。

緹亞瑪特被認為等同於蘇美神話的原初之海女神娜姆［→P58］。海水與淡水交融而誕下神祇的這項設定，研判與造福美索不達米亞的2條大河，以及波斯灣的海水在河口處交融的現象不無關聯。

Ninhursag

寧胡爾薩格

別名 寧瑪赫、寧圖、達姆金娜、達姆伽爾努娜、寧希琪爾等

符號 Ω

神格 豐收女神、大地女神

信仰地區 阿達布、凱什、拉格什、歐貝德

掌管大地與豐收的萬物之母

寧胡爾薩格是古老的女神之一，也是智慧之神恩基〔↓P48〕的配偶。她與恩基感情融洽，但因為丈夫偷腥成癖而相當頭大。然而，她也不忍見到丈夫受病痛折磨，心軟地為其治病，是充滿慈愛的古美索不達米亞的母神。民眾篤信寧胡爾薩格，尤其是蘇美的君王們皆將她奉為守護女神。

迪爾蒙（Dilmun）

恩基與寧胡爾薩格所居住的地方，是被稱為「迪爾蒙」的樂園。相傳此處所位於遙遠的東方，在這裡沒有疾病、苦痛、死亡、天災與衰老，而且清新的流水源源不絕，種類豐富的穀物結實纍纍。恩基與寧胡爾薩格鎮日在此處翻滾纏綿，生下了許多神祇。據悉迪爾蒙的實際地理位置位於波斯灣的巴林島周邊。

智慧之神恩基有個仁慈和善的另一半

寧胡爾薩格是蘇美、阿卡德神話中名氣響亮的母神，亦被稱為「山之女主人」。她是大地的神格化，丈夫則是水與智慧之神恩基。相傳兩人是一對感情甚篤的夫妻，甜蜜恩愛地在樂園內纏綿，生下許多植物與神祇，並有諸如此類的溫馨故事傳世。

寧胡爾薩格在巴比倫王朝掌權後，對人民的影響力依然不減。據悉巴比倫君王們皆自稱為寧胡爾薩格的子孫，藉此來拉抬自身的地位。

嚴厲懲治大搞亂倫的丈夫

然而愛得愈深有時會導致恨意愈發強烈。在《恩基神與寧胡爾薩格女神》這部神話中，便描寫到其心狠手辣的一面。

恩基與寧胡爾薩格生下了名為寧薩爾的女神，但恩基竟侵犯親生女兒，生下了寧古拉（Ninkurra）。恩基食髓知味，亦玷汙了寧古拉，兩人生下名為烏特圖（Uttu）的女兒。當寧胡爾薩格要提醒烏特圖「得小心提防恩基」時已經來不及，恩基的魔爪已伸向烏特圖。寧胡爾薩格大為震怒，將烏特圖肚裡所懷有的恩基之種連根拔起，埋在大地後遁走他鄉。埋於這片大地的8種植物接著發芽茁壯，恩基將它們全都採來吃下肚，但這些由他自身精氣繁殖而成的植物卻令其生了重病。

寧胡爾薩格拗不過眾神的懇求，不情不願地回到恩基身邊為其進行治療。於此之際，她詢問丈夫「哪裡覺得不舒服」，接著從這些病痛處造出神祇。相傳從恩基疼痛的頭部生出了植物神阿布，鼻子、喉嚨、四肢等部位也分別生出男女神祇。寧胡爾薩格還拜託丈夫，賦予這些從病痛衍生而出的神祇正式身分，成功將丈夫的所作所為流傳給後世知曉。對丈夫的亂倫獸行感到深惡痛絕的寧胡爾薩格，無疑大大出了一口怨氣。不過，這對恩基來說實在太不光彩，因為他成了美索不達米亞神話世界的第一位病人。

寧利勒

Ninlil

別名 蘇德

行事莽撞，對人不設防的穀物女神

寧利勒是身兼大氣之神的至高神恩利爾[→P42]的配偶，乃穀物女神。《恩利爾神與寧利勒女神》這部神話則講述了兩人年輕時期的故事。

當年寧利勒是名青春貌美的少女，但行事莽撞，對人毫不設防。母親儂巴爾舍古努（Nunbarsegunu）對這個女兒十分不放心，直截了當地提出警告「千萬不能去河邊玩水，不然會被恩利爾盯上」。然而，年輕不懂事的寧利勒卻將這番話當耳邊風，在河邊寬衣沐浴。事情果然如其母所預言般，她被迫與恩利爾發生關係，懷了月神辛[→P86]。霸王硬上弓的恩利爾貴為至高神卻做出侵犯少女的惡行而遭到逮捕，被下放至冥界。

神格 穀物女神

這時寧利勒因為考慮到「月神正在我的子宮內成長，要是恩利爾就這樣一去不復返，這孩子恐怕也會被帶往冥界」，而一路追著恩利爾來到地府。沒想到恩利爾竟然變身成守衛誘騙寧利勒與之交合，後續亦兩度變身欺騙寧利勒，使其生下三子。他將這3個孩子作為辛的替身送往冥界，成功將辛送回天界。

為何寧利勒要追著恩利爾跑，而且為何會同意與變身成其他人物的恩利爾交合，在神話中皆未針對其心境有所著墨。她的母親儂巴爾舍古努為穀物女神，身為女兒的寧利勒也是與穀物相關的神祇。另一方面，恩利爾擁有風的屬性，或許美索不達米亞人在寧利勒幾度被恩利爾玩弄的遭遇上，看見了遭強風無情吹拂仍堅韌成長的穀物影子也說不定。

被送往冥界的3個孩子中的內爾加爾〔→P94〕，做為掌管死亡、喜好破壞的冥神，也會持續出現在之後的各種神話故事中。

Ninurta

尼努爾塔

別名　寧烏爾塔、寧吉蘇爾

符號 犁
神格 戰神、農耕神、鍛造神、狩獵神、天氣神 等
信仰地區 尼普爾

驍勇善戰，雄壯威武的戰神

尼努爾塔是蘇美自古以來的神祇，但隨著時代推移，變身為至高神恩利爾［→P42］與妻子寧利勒［→P70］的兒子。他被形容為模樣雄壯威武，手持會說話的沙魯爾槌與弓箭，是戰績輝煌的戰神。許多詩歌皆頌揚其戰功，君王們亦對其無比推崇。他不只擅長打仗，還會教導人民煉金與農耕技術。

會說話的沙魯爾槌（Sharur）

沙魯爾是尼努爾塔所愛用的棍棒，也是其忠實的隨從，相傳能夠說話。某天，沙魯爾對主人提出警告「邪靈阿薩格［→P194］作亂，率領石頭戰士襲擊都市」。尼努爾塔聞言後立即趕赴戰場，但於第一回合交手時落敗，在第二回合則成功制伏敵人。不只如此，在尼努爾塔與怪鳥祖［→P188］交戰之際，沙魯爾亦奮力救主，是忠心耿耿的優秀武器。

偉大至高神恩利爾之子

尼努爾塔是至高神恩利爾的兒子，名字意為大地主人。尼努爾塔的名字散見於蘇美、阿卡德與巴比倫神話，不過他並非特定都市的守護神，雕像也僅出現於父親的聖地尼普爾。尼努爾塔一般會與父親恩利爾的雕像一起被奉祀，光芒往往被父親蓋過。

另一方面，在神話中的尼努爾塔可謂是英雄般的軍神。在許多神話中，他大多以蓄鬍形象示人，有時也會被描寫成身上長有翅膀。他隨身攜帶的物件為戰鬥用的弓箭，以及會說話的沙魯爾槌。這些武器可說是他的最佳拍檔，助其打贏了許多戰役。

在許多爭戰中取得勝利的戰神

《盧伽爾神話》則對尼努爾塔打倒邪靈阿薩格的故事歌功頌德。尼努爾塔聽從沙魯爾的警告，順利打倒邪靈，並向民眾傳授農耕與煉金的技術。此外，《安祖神話》則描寫了他擊敗怪鳥祖的冒險故事。

恩利爾的法寶「天命泥板」，能賦予持有者支配世界的權力，卻被祖奪走，眾神因而十分苦惱，集思廣益制定奪回泥板的計畫。恩利爾詢問兒子們是否願意主動請纓，但每個人都找盡藉口不願上場應戰。最後雀屏中選的正是尼努爾塔。他透過施放暴風制敵的作戰方式來與祖過招。然而，祖卻使出天命泥板防禦住尼努爾塔的攻擊。苦思對策的尼努爾塔找上叔叔——智慧之神恩基〔↓P48〕商量此事，並聽從其建議採取正面迎擊的方式，將目標對準祖的翅膀，成功將祖擊潰。得知此消息的眾神欣喜若狂，大肆慶賀尼努爾塔的戰果。

尼努爾塔因英勇事蹟而出盡鋒頭，相傳他同時也是煉金之神，曾教導民眾辨別金屬的方法。而且他還身兼農業與灌溉之神，對古美索不達米亞人而言，無疑是與生活息息相關的神祇。大規模戰役需要金屬製的武器與食糧，或許出自此緣故，這些物品才成為尼努爾塔掌管的事項。

此外，尼努爾塔的別名，寧烏爾塔、寧吉蘇爾（Ningirsu）原本是其他神祇的名號，但在很早的階段便與尼努爾塔融合，兩者皆是勇猛的戰神。

寧松

Ninsun

別名 寧蘇娜

神格 畜牧女神、灌溉女神

時刻惦記掛念著英雄兒子的慈母神

寧松是古美索不達米亞詩歌大作《吉爾伽美什史詩》主角吉爾伽美什〔→P142〕的母親，擁有「野牛女主人」的稱號。有一說指稱寧松是自獸類信仰時代流傳下來的古老神祇，詳情卻不得而知。寧松的丈夫是在烏魯克第一王朝期，統治王國長達1200年的傳奇君王盧伽爾班達〔→P148〕。他是在王朝歷史上留名的人物，然而，在吉爾伽美什的故事中，父親的名號卻不怎麼響亮。

寧松的名字則出現在描寫兒子吉爾伽美什人生的《吉爾伽美什史詩》中。在尚未蛻變為英雄前的吉爾伽美什做了一個怪夢。他夢見孕育著天空之神安努〔→P38〕的星星朝著自己落下，並且在周遭人的協助下才抬起了這顆星。吉爾伽美什請會解夢的母親寧松指點迷津，所得到的回答是「這個夢代表你會交到朋友」。實際上，吉爾伽美什果真結識了恩奇杜〔↓Ｐ１５０〕這名朋友，並結伴展開冒險旅程，他還求太陽神沙瑪什〔↓Ｐ90〕保佑兩人一路平安。

在另一則神話中，吉爾伽美什因為被某位女神求婚而詢問寧松的意見。然而，寧松得知向兒子求婚的對象是被形容為「言行舉止宛如娼妓」的愛之女神伊絲塔〔↓Ｐ80〕後，便態度強硬地要兒子拒絕這門婚事。後來以英雄事蹟而馳名的吉爾伽美什，對母親而言似乎永遠都是心肝寶貝。

對吉爾伽美什母子的態度大為光火的伊絲塔，遂對吉爾伽美什下戰帖，寧松則潛心祈禱兒子能大獲全勝。可能是因為這個故事顯得太過媽寶，並未被收錄於《吉爾伽美什史詩》中，不過，無論是在哪一部神話，寧松都被描寫成時刻惦記著兒子的慈母神。

據信為埃列什基伽勒或伊絲塔的浮雕
（大英博物館藏）

第3章

天界與人界以及冥界神祇

Ishtar

伊絲塔

別名　伊南娜

強勢霸氣造就耀眼的極致女神

伊絲塔是在古東方世界廣受崇拜的巴比倫尼亞代表性女神。她掌管愛、豐收與多產，亦執掌戰爭與紛爭，並負責守護王權。在蘇美語中被稱為伊南娜，意為「天空女主人」。伊絲塔仁厚慈愛，但個性極富野心，想要的東西不到手絕不善罷干休。她會親上戰場手持武器打倒敵人，是位好戰的女神。

符號　八芒星

神格　愛之女神、豐收女神、戰爭女神、金星女神、王權守護者

信仰地區　烏魯克、尼尼微、阿爾伯拉

坐騎　獅子

聖婚

君王假扮成伊絲塔的夫婿塔穆茲［→P106］，藉由與伊絲塔結為連理的「聖婚」儀式，來祈求國家繁盛的祭禮。伊絲塔的王權守護者職能在此處發揮無遺。

飛船麻安納

伊絲塔從喝醉的智慧之神恩基［→P48］手中奪走世界規範「密」後，以此飛船進行運送，並成功逃過恩基所發動的追擊，返回烏魯克。

作風豪放在古東方世界廣受崇拜的愛之女神

伊絲塔除了掌管愛、豐收與多產外，同時亦執掌戰爭與紛爭，是手握生命與死亡大權的女神中的女神。伊絲塔的個性既奔放又任性，而且工於心計又好戰，相當率性而為。她可說是美索不達米亞神話中最吸引人的女主角，這份魅力亦在人氣手遊《Fate／Grand Order》中發揮無遺。

伊絲塔一詞為阿卡德語的稱呼，在蘇美語則取「天空女主人」之意，稱其為伊南娜（Inanna）。她原本是隸屬天界的明星（金星）女神，亦是豐收女神。在後來的時代融合了「王權守護者」、「戰爭女神」等許多神性，神格也隨之變得多元複雜。此外，象徵豐穰的「蘆葦束」被認為是伊絲塔的象徵，該圖形文字遂發展成代表「伊絲塔」的楔形文字。

許多神祇皆被認為是伊絲塔的父親，其中最有力的人選則是天空之神安努〔↓P38〕。此外，伊絲塔亦被認為是月神辛〔↓P86〕與其配偶寧格爾（Ningal）的女兒，兄長為太陽神沙瑪什〔↓P90〕，姊姊為冥界女神埃列什基伽勒〔↓P98〕。丈夫是好好先生型的畜牧之神塔穆茲，兩人的婚事則是由哥哥沙瑪什所促成的。

伊絲塔的野心引發許多糾紛

伊絲塔出現在許多神話中，而且都以位居中心的主角之姿帶動故事發展。不過這些故事內容與掌管愛的優美女神形象相距甚遠，反倒呈現出伊絲塔剽悍強勢的戰鬥性格。素有靈峰美譽的艾比夫山未對伊絲塔展現敬意，對此勃然大怒的伊絲塔不顧至高神安努的勸說，直接攻進艾比夫山。她以代表威脅的「尼」與代表神聖光輝的「梅拉姆」覆住額頭，脖子配戴紅寶石花環項鍊，腳踝綁上青金石配飾，右手粗暴地揮舞著具有7顆頭的武器「西塔」來搖動大地，令艾比夫山崩塌，出乎父親意料之外地贏得勝利。

此外，想要的東西若不到手便絕不善罷甘休的伊絲塔，意圖接管姊姊埃列什基伽勒統治的冥界而蠢蠢欲動。伊絲塔穿了一身襯托其天界女神地位的華麗衣裳下冥界，但姊姊埃列什基伽勒早就看穿她心中打的如意算盤。伊絲塔逐一通過冥界的7道門，但每過一道門原本穿戴在身上的寶石與衣物就被脫下，到最後變得一絲不掛。端坐在寶座上的埃列什基伽勒對伊絲塔投以充滿怒氣的「死亡眼神」，她頓時化作一具屍體，被吊在掛鉤上長達3天的時間。

誰才是任性又強勢的伊絲塔情人最佳人選？

伊絲塔在智慧之神恩基的協助下總算得以回到陽間。不過這是有條件的，伊絲塔必須將自己的替身交給加魯拉靈（冥界惡靈）送往冥界，來換回自身的自由。但伊絲塔拒辦，將加魯拉靈帶回陽間的烏魯克。回到陽間的伊絲塔映入眼簾的是，丈夫塔穆茲不但沒為自己服喪，還盛裝打扮大模大樣地坐在寶座上。怒不可遏的伊絲塔遂指名丈夫來當自己的替身。塔穆茲與其姊蓋什緹南娜〔→P110〕也因此必須輪流在冥界待上半年的時間。

據悉從這則故事中可看出伊絲塔身為最古老大地母神的屬性。掌管愛與豐收，同時亦執掌戰爭與破壞，神性自相矛盾的伊絲塔，同時具有誕下生命的正面性（聖妓），以及吞沒生命的負面性。而在「下冥界」這個故事中，則由埃列什基伽勒代為分擔了這項職務。此外，畜牧之神塔穆茲與姊姊植物女神蓋什緹南娜，必須每半年輪流下冥界的結局，則代表春天宰殺羊隻，秋天採收葡萄的一年農耕作息，藉此來與這個「死亡與復活」的故事意境相呼應。

身材性感誘人的伊絲塔之所以會遭到英雄吉爾伽美什〔↓P142〕拒絕，也是出自上述緣故。若是接受了大地母神伊絲塔的愛就會成為第二個塔穆茲，即意謂著會成為「死而復活之神」。因此，她與天下無雙的英雄吉爾伽美什才談不成戀愛。

伊絲塔信仰遍及古東方世界全境，並與各地的女神融合，伊絲塔之名遂被當成古美索不達米亞女神的通稱。一般皆認為伊絲塔的定位近似希臘神話的美之女神阿芙蘿黛蒂（Aphrodite），跨越民族與時代，持續為人所崇拜。

Sin

辛

別名 南納、斯溫、南納．斯溫

照亮暗夜的月神

辛是月神，乃愛與金星女神伊絲塔與太陽神沙瑪什〔↓P90〕之父，可稱之為天體神始祖。由於古美索不達米亞使用太陰曆，辛也被當成曆法之神而受到信仰，相傳具有決定眾生每日命運的神力。辛以老者形象示人，特徵為宛如青金石般的鬍子。在許多別名中，斯溫代表彎月，南納則代表滿月之意。

彎月船

辛所乘坐的船隻，亦被稱為「閃耀天際之船」。每逢日暮時分，辛就會乘坐此船橫越天空，照亮黑夜，揪出做壞事的罪人與惡靈。

符號 彎月
神格 月神
信仰地區 烏爾、哈蘭

左右萬物命運的曆法之神

相傳月神的父親為眾神指導者——大氣之神恩利爾〔↓P42〕。他的妻子是在烏爾備受信仰的寧格爾女神，兩人生下太陽神沙瑪什、金星與愛之女神伊絲塔，是掌管天體的神祇中地位最高的天神。辛被描述成鬍子宛如青金石般的老人，彎月是其標誌也是武器。

在古美索不達米亞，月亮的地位之所以高於太陽，是因為當時採用根據月亮盈虧所制定的太陰曆。說得更準確一點，其實是使用安插了閏月來校正曆法與季節誤差的太陰太陽曆，而此現象亦反映於神話的世界裡。附帶一提，有時也會單純以30這個數字來指稱辛，是因為30為太陰曆一個月的天數。

執掌曆日的辛，被認為擁有能決定遙遠未來命運的神力，因而廣受民眾信仰。掌管時間推移的力量也與生物的孕育與誕生形成連結，辛因而被認為與動物，特別是家畜的多產有密切的關聯。據悉這也跟彎月的形狀令人聯想到動物犄角有關。

因父親犯下的罪而誕生的正義月神

辛所負責的另一個代表性職務，即為正義使者。身為月神的辛會在日暮時分乘坐彎月形船隻，從天空進行巡視。相傳他所散發的光芒會照亮大地，讓那些趁著夜黑風高做壞事的鼠輩與惡靈無所遁形。然而，辛本身的誕生卻來自一起震驚神界的事件。辛的父親為大氣之神恩利爾，是擁有至高地位的偉大神祇。但年少時的恩利爾莽撞輕狂，強占了年輕貌美的穀物女神寧利勒〔↓P70〕的處子之身，並使其懷孕。當時寧利勒所懷的孩子正是月神辛。

恩利爾因強暴處女之罪而被流放到冥界。寧利勒擔心這樣會害即將出生的孩子也被帶往冥界，所以挺著孕肚追著恩利爾而去，並再次與其交合而受孕，懷上了替代辛留在冥界的孩子，也就是後來的冥神內爾加爾〔↓P94〕。月神辛就在弟弟妹妹的犧牲下，被接往天界。

Shamash

沙瑪什

別名 烏圖

維護正義的善良太陽神

沙瑪什是掌管正義的巴比倫尼亞太陽神。在蘇美語被稱為烏圖。他是月神辛的兒子，和愛與金星女神伊絲塔為孿生兄妹。他手持代表太陽光線的鋸齒狀寶劍，又被稱為維護正義的「裁決之王」。基本上是善良的神祇，經常挺身救助英雄吉爾伽美什，亦是有名的占卜之神，與人們的生活息息相關。

符號 太陽圓盤

神格 太陽神、正義之神、占卜之神

信仰地區 拉爾薩、西帕爾

太陽圓盤

沙瑪什有時會被描繪成有著一對翅膀的太陽圓盤。太陽圓盤代表太陽的無限光輝，會從天空照亮人們的生活，幫助植物成長，帶來暖意。

明察秋毫的正義太陽神

太陽神沙瑪什乃月神辛的兒子，是愛與金星女神伊絲塔的孿生哥哥。在古代美術世界裡被描繪成蓄著長鬚的男性，手裡拿著代表太陽光線的鋸齒狀寶劍，從肩膀發射出光芒。

沙瑪什所掌管的是正義與審判。他繞行天空一周便能看穿萬物，所散發出的光芒能讓真相攤在陽光下。沙瑪什的光芒亦照亮冥界，牽制著加魯拉靈（冥界惡靈），令其所引發的疫病遠離人世。因此，據悉祈求疾病痊癒的護身符多半會寫上沙瑪什之名。

沙瑪什是古美索不達米亞「偉大神祇」的一員，但並不像古埃及的太陽神般，被奉為國家主神而擁有重要地位。這是因為，古美索不達米亞是採用以月亮為基準的太陰曆。不過，因為太陽光芒所帶來的恩惠與人民的生活有著密切的關聯，沙瑪什信仰似乎廣泛滲透至民間。

人類的好朋友，為英雄吉爾伽美什兩肋插刀

沙瑪什手持的鋸齒狀寶劍象徵太陽的灼熱與狂暴之力，他亦兼具身為戰士維護正義的另一面。因此緣故，沙瑪什有時會被認為等同於戰神兼冥神的內爾加爾。然而沙瑪什基本上是位個性溫和的善良神祇。不但出言袒護妹妹伊絲塔的丈夫──畜牧之神塔穆茲〔↓P106〕，在塔穆茲遭到加魯拉靈追殺時亦挺身相助。

沙瑪什特別關照的則是英雄吉爾伽美什〔↓P142〕，他在吉爾伽美什誕生之際賜予其俊美容顏，處處護其周全到可稱之為過火的程度，並與之形成緊密的連結。每逢緊要關頭時，吉爾伽美什幾乎毫無例外地慣性祈求沙瑪什保佑。在他與魔獸渾巴巴交戰之際，沙瑪什同樣送上了暴風援軍來幫助吉爾伽美什與其好友恩奇杜〔↓P150〕。在眾神商討是否處死恩奇杜的會議上，沙瑪什還對相當於祖父的恩利爾嗆聲「無辜的恩奇杜當真罪該萬死嗎？」。沙瑪什可說是在古美索不達米亞諸神中相當罕見，對人類十分友好的神祇。

Nergal

內爾加爾

別名 埃拉、美斯拉姆塔埃亞

符號 雙頭獅笏板

神格 冥神、戰神、疫病之神

信仰地區 庫塔、帕爾米拉

坐騎 獅子

以病魔為武器帶來破壞的冥神

內爾加爾是掌管戰爭、死亡與疾病，喜好破壞的冥神；以熱病與病魔作為武器，率領著疾病神格化的7對14名惡神。由於個性桀敖不馴，與冥界女神埃列什基伽勒【↓P98】常有衝突，但兩人卻陷入戀愛結為夫妻，使他成為冥界之王。多半被描繪成手持彎月刀或有著獅子頭的笏板，雙腳踩踏著人類。

海克力斯

在帕提亞時代（西元前二四七～前二二六年），內爾加爾開始被認為等同於希臘神話中的半神半人英雄——海克力斯（Hercules）。

西比

內爾加爾所率領的7對14名惡神。他們分別是姆塔布立克、夏拉布杜、拉比滋、提里德、伊迪布圖、貝、恩努、齊達努、彌奇透、貝魯里、烏麻、利布。

2018

很會製造麻煩的破壞與殺戮之神

在美索不達米亞神話中代表疫病、戰爭等邪惡事物的冥神內爾加爾。內爾加爾在蘇美語意為「偉大城市（冥界）之權威」。

與各種神祇融合的內爾加爾，擁有眾多屬性，也與火星形成連結，既是戰爭、疫病與疾病之神，同時也是豐收與植物之神。此外，內爾加爾亦具有太陽神的特性，被認為等同於太陽神沙瑪什〔→P90〕。正午與夏至的太陽能量能造福人類與植物，另一方面也有可能引發熱病等致死災厄。內爾加爾就是主掌這些負面事物的神祇。

相傳內爾加爾會從炙熱照耀大地的晌午太陽中現身。雖說掌管戰爭，但其屬性可不是擊退妖魔的英雄神，而是引發大量殺戮的神祇。內爾加爾以熱病和病魔作為武器，率領著由各種疾病神格化而被稱為西比的7對14名惡神，帶來熱浪或乾旱。他為了增加自身所統治的冥界子民而濫用神力，相傳身為其祕書的火與傳令之神伊什木（Ishum）苦口婆心規勸衝動的主子，這才拯救人類免於滅亡。

桀敖不馴的內爾加爾深陷愛河後成為冥界之王

內爾加爾之所以會成為冥界之王，原因就在於其很會惹麻煩的作風與桀敖不馴的個性。某次眾神正準備舉辦宴會，冥界女神埃列什基伽勒派出使者為宰相納姆塔爾（Namtar）接風。在迎接納姆塔爾的眾神當中，只有內爾加爾未展現出敬意。對此大為震怒的埃列什基伽勒遂命人將內爾加爾帶往冥界，決心取其性命。沒想到兩人卻墜入愛河。相傳內爾加爾因撞見埃列什伽勒沐浴中的姣好身段而神魂蕩漾，也有一說稱埃列什基伽勒被內爾加爾迷得團團轉。

兩人在床上打得火熱，難分難捨，但在第七天早上，內爾加爾卻突然返回陽間。傷心欲絕的埃列什基伽勒轉而威脅眾神「若不把內爾加爾還給我，我就把亡者送往陽間，命他們吃掉生者，讓死掉的人比活著的人還多」。內爾加爾就這樣得以續留冥界，成為埃列什基伽勒的夫婿。此外，還有一說主張，內爾加爾是透過暴力手段擠下埃列什基伽勒，才登上冥界之王的寶座。

埃列什基伽勒

Ereshkigal

別名 寧基伽勒、伊里伽爾、阿爾拉圖

絕招為「死亡眼神」的冥界女神

埃列什基伽勒為統領冥界的女神，是愛之女神伊絲塔［↓P80］的姊姊，兩人為敵對關係。面對下冥界侵犯自身領域的伊絲塔，埃列什基伽勒使出「死亡眼神」令妹妹當場身亡。埃列什基伽勒不被允許踏出冥界，生活在黑暗的世界裡。歷經一番熱戀後，成功將內爾加爾留在冥界，結為連理。

冥界7道門

設立於冥界7道城牆的門扉。要會見埃列什基伽勒，必須通過有守衛看守的這7道門，才能來到寶座前。

死亡眼神

令來到冥界的伊絲塔當場斃命的必殺技。

神格 冥界女神
信仰地區 庫塔
坐騎 無

與不幸為伍的冥界女王

名字在蘇美語中意為「偉大之地（冥界）女主人」的埃列什基伽勒，亦擁有「日落之處女主人」的美稱，乃統治冥界的女神。

美索不達米亞神話中的冥界，位於比地下淡水阿普蘇更下層的位置，是十分陰鬱的地下世界。相傳在此地將灰塵視為佳餚，以黏土為食，晦暗漆黑，毫無亮光。由7層銅牆鐵壁所建成的堅固堡壘便坐落於其中，埃列什基伽勒則率領身兼疫病之神的冥界宰相納姆塔爾等屬下，君臨地下。

其實，這並非埃列什基伽勒自身所盼望的職務，相傳她只是被任命來管理這片領土。埃列什基伽勒不被允許離開冥界，因此與外界的交涉主要是由宰相納姆塔爾負責。

冥界在某種程度上可與生者的世界互通往來。不過要跨越這道界線是有條件的。而無視這些規矩，貿然闖入的則是埃列什基伽勒的死對頭，也就是其親妹妹愛之女神伊絲塔。

冥界女神VS天界女神，最終鹿死誰手？

面對企圖將冥界納為囊中物的妹妹伊絲塔，姊姊埃列什基伽勒怒不可遏。對於無法離開冥界的她來說，看到能夠隨心所欲行動的妹妹，應該多少會感到嫉妒吧。她在伊絲塔通過7道門的過程中，一一剝除其衣物，最後祭出「死亡眼神」令其當場斃命。由於伊絲塔必須找來替身才能復活，結果導致丈夫塔穆茲「→P106」與其姊姊得輪流下冥界待上半年的時間。前述的條件指的便是，為了保持生者與亡者世界的平衡，兩者之間的人數必須均等。

埃列什基伽勒的配偶原本為天牛古伽蘭那（Gugalanna），後來才嫁給戰神內爾加爾，共同統治冥界。內爾加爾因為受罰而被貶至冥界，卻與埃列什基伽勒愛到一發不可收拾。兩人相愛相殺，最後有情人終成眷屬，內爾加爾得以續留冥界。相傳當時埃列什基伽勒「與內爾加爾在床上纏綿悱惻」流露出性愛女神的另一面，這段描述也呈現出她與妹妹愛之女神伊絲塔在本質上是互為表裡的關係。

Ennugi

恩努其

神格　堤防、水路之神

被認為等同於埃列什基伽勒丈夫的運河監督之神

恩努其被喻為「偉大的神界運河監察官」，乃堤防、水路守護神。在《吉爾伽美什史詩》中，是與至高神安努〔→P38〕等決議在人間引發洪水消滅人類的神祇之一。

恩努其亦具有冥神屬性。而被認為等同於恩努其的神祇，則是冥界女神埃列什基伽勒最初的丈夫——古伽蘭那。古伽蘭那一詞代表「天界的巨大公牛」以及「天空之神安努之運河監督者」之意。兩者似乎是因為名字的涵義與職權相似的緣故才被加以融合。

據信古伽蘭那為冥界女神埃列什基伽勒的第一任丈夫，不過他僅出現在《伊絲塔下冥界》的故事裡，而且並未真正登場。伊絲塔被冥界守衛涅提（Neti）攔下質問時，為了順利通關而謊稱「我是前來參加姊夫古伽蘭那神的葬禮」。

在後來的時代，被認為等同於恩努其的古伽蘭那又與冥神內爾加爾融合，內爾加爾成為埃列什基伽勒的丈夫，由夫妻兩人共同統治冥界。內爾加爾因與各種神祇融合，而擁有複雜的神格，也被認為等同於蘇美神話的美斯拉姆塔埃亞（Meslamtaea）。美斯拉姆塔埃亞在《恩利爾與寧利勒》神話中與內爾加爾有著相同的際遇，皆被棄於冥界來代替遭貶黜的大氣之神恩利爾［↓P42］與月神辛［↓P86］。在內爾加爾信仰中心的庫塔，自古以來就將美斯拉姆塔埃亞當成象徵公牛頭的神祇信奉。

附帶一提，向英雄吉爾伽美什［↓P142］求愛遭拒的伊絲塔動了殺機，而拜託父親安努出借的「天牛」與古伽蘭那是完全不同的個體。這頭天牛在烏魯克到處搞破壞，最後被吉爾伽美什與好友恩奇杜活逮並遭到殺害。

寧吉什濟達

Ningishzida

別名 寧吉濟達

符號 角冠

神格 偉大之山、異國之王、大氣之神、風暴神、至高神、秩序之神

信仰地區 尼普爾

坐騎 安祖

被王當成個人守護神崇拜的異形神祇

寧吉什濟達是名字代表「良木（真理之樹）主人」之意的冥神，同時亦掌管植物的繁殖。一般以雙肩探出長角之蛇的形象示人。

古美索不達米亞人相信世上有親民的「個人守護神」存在，能救濟無法直接與偉大神祇有所接觸的渺小凡人。此現象不僅存在於民間，就連君王也不例外，拉格什的古地亞（Gudea）王就將寧吉什濟達與其父尼納祖（Ninazu）奉為個人守護神。古地亞王透過個人守護神被引介給偉大神祇的情景，還被雕刻成圓筒印章的圖案，碑文則記載著「此人信奉寧吉什濟達神」。寧吉什濟達可說是個人守護神中，罕見地留有固定名稱與圖像的案例。

身為冥神的寧吉什濟達除了統領住在冥界的惡靈外，亦被認為是救濟陰陽兩界的神祇，肩負「天庭守門人」的職務。

擁有冥神身分的寧吉什濟達，同時也如其外貌所示般，是名蛇神。蛇因為模樣不討喜，往往令人避之唯恐不及，有些民族則將其視為惡魔或神的使者。在濕地甚多的蘇美地區，存在著各種類型的蛇，並認為蛇是神聖之物。此外，蛇因為會脫皮而成為死亡與再生的象徵，與豐收和多產形成極深的連結，因此寧吉什濟達也是豐收之神，這點則與其個人守護神的屬性相輔相成。

成為君王個人守護神的寧吉什濟達，在幼發拉底河下游卻被當成異形神祇。因為從寧吉什濟達雙肩探出，戴著角冠的蛇，也被認為是緹亞瑪特麾下的怪物姆修菲修［→P202］。姆修菲修在蘇美語的意思為「可怕的蛇」，並被喻為「巴比倫之龍」是家喻戶曉的靈獸。其本質則與豐收之神密切相關，據說姆修菲修即為寧吉什濟達的前身。

塔穆茲

Tammuz

別名 杜木茲、坦姆斯

被伊絲塔吃得死死的畜牧之神

塔穆茲是迎娶巴比倫尼亞最具代表的愛之女神伊絲塔〔↓P80〕的畜牧之神。他代替妻子到冥界，也是往來冥界與現世的「死而復活之神」。由於農耕神恩基姆杜的退讓而與伊絲塔結為連理，是個優柔寡斷、唯妻命是從的好好先生。與身兼「牧人」的現世之王融合，和「王與豐收儀式」形成緊密連結。

塔穆茲月

猶太曆第四個月份（太陽曆的6～7月），阿拉伯人傳統曆法的第四月名稱。相傳塔穆茲下冥界時，各種生命活動就會停擺，女性們會哭著祈求塔穆茲歸來。直到今日猶太曆與阿拉伯曆仍留有塔穆茲月。

神格 畜牧之神、豐收之神

信仰地區 巴德提比拉

農夫或牧人——女神伊絲塔會選哪位當伴侶？

畜牧之神塔穆茲（蘇美語稱為杜木茲，Dumuzi）的妻子是愛之女神伊絲塔。他能娶到任性妄為又好強，被譽為女神中之女神的伊絲塔，其實背後還有這麼一段故事。

某天，太陽神沙瑪什［→P90］鼓吹妹妹伊絲塔結婚。他詢問妹妹，比較中意牧人還是農夫，伊絲塔則不假思索地回答「我才不要嫁什麼牧人咧」。身為牧人代表的塔穆茲因為有未來的大舅子相挺，斬釘截鐵地強調自身的優勢：「牧人製作的奶油和起司，都比農夫栽種的供品優秀」。聽到這番言論的農夫代表恩基姆杜（Enkimdu）認同塔穆茲的主張，爽快地讓步「待字閨中的伊絲塔就歸你了，我會獻上麥類與豆類給你們當賀禮，要多少都沒問題」。塔穆茲就這樣成為掌管豐穰的伊絲塔夫婿，並獲得豐收之神的地位。

對置身於嚴峻環境的古代人而言，為了存活不能一味忍讓，不然生活將無以為繼。就這層意義，伊絲塔與塔穆茲會結為連理，或許可說是必然的結果。

自作自受？塔穆茲必須下冥界的理由

話雖如此，塔穆茲並非主導故事推展的活躍型人物，而是受到作風強勢的伊絲塔要求時，才會有所行動的優柔寡斷型好好先生。

由於塔穆茲既是畜牧也是豐收之神，所以會在大麥等穀物收成後，以及為了儲備肉類而屠宰家畜的春天遠赴冥界，成為「死而復活之神」。然而，他的這個身分其實是來自有點丟臉的理由。要讓在冥界斃命的伊絲塔於陽間復活，必須找替身來頂替其位置。而雀屏中選的正是不為妻子服喪，大搖大擺地坐在寶座上耍廢的塔穆茲。他變身成各種模樣逃之夭夭，仍躲不過加魯拉靈（冥界惡靈）的追捕，最後與主動表明願意當替身的姊姊蓋什緹南娜〔→P110〕，每隔半年輪流前往冥界服役。

也因為這樣，民眾相信當塔穆茲待在冥界時，植物與動物等生命就會枯竭。此外，這個故事對後來的神話帶來極大的影響，亦成為死後復活的希臘植物之神阿多尼斯（Adonis）的神話原型。

Geshtinanna
蓋什緹南娜

神格 植物女神、葡萄樹女神、冥界書記
信仰地區 拉格什

為了救弟弟而成為冥界書記的心地善良植物女神

蓋什緹南娜的名字在蘇美語代表「天界葡萄樹（女主人）」之意，她是愛之女神伊絲塔丈夫，畜牧之神塔穆茲的姊姊。蓋什緹南娜在陽間是被稱為「天界葡萄樹」的植物之神，後來卻轉變為效力於冥界女神埃列什基伽勒的書記。造成此事的來龍去脈如下。

在冥界喪命的伊絲塔為了在陽間復活，指名像個沒事人般、未替自己服喪的丈夫塔穆茲來作為自己的替身。塔穆茲的姊姊蓋什緹南娜為了拯救弟弟，主動表明願意當替身，身為畜牧之神的弟弟與植物之神的姊姊，因此必須每隔半年輪流待在冥界生活。據悉這是以一年的畜牧和葡萄栽培的農畜循環來呼應「死亡與復

活」的故事寓意。

據另一說所述，夢見自己將遇到死劫的塔穆茲，拚命想擺脫加魯拉靈（冥界惡靈）的追殺。負責解夢的蓋什緹南娜在此故事中也被描寫成善良的姊姊，為了幫助弟弟，用盡一切辦法。然而，弟弟到最後卻在羊舍遭到殺害。羊舍是幸福、繁榮的象徵，作為掌管家畜多產的塔穆茲喪命處，或許可說是再適合不過的安排。

必須下冥界長達半年的蓋什緹南娜，成為了效力於冥后埃列什基伽勒的書記。她的丈夫為冥神兼掌管植物繁殖的寧吉什濟達〔→P104〕。蓋什緹南娜在碑文中被記載為「寧吉什濟達深愛的妻子」，不過女神寧雅吉姆雅（意為「培育優質液體的女主人」）也被認為是寧吉什濟達之妻，蓋什緹南娜遂與寧雅吉姆雅融合。此外，以歌手與詩人之姿而享譽盛名的蓋什緹南娜，在某篇蘇美語的紀錄中被形容為「若沒有她，合唱團便無法順利歌唱」。

阿達德

Adad

別名 伊斯庫爾、巴爾、哈達德、阿都

符號 閃電

神格 天氣神、風暴神、雷神

信仰地區 哈拉普（阿勒坡）、卡爾卡爾、馬里等

坐騎 翼獅、公牛

象徵惡劣氣候的天氣神

阿達德是手持閃電光束、具戰士形象的天氣神。另個說法是他在洪水傳說中，奉大氣之神恩利爾〔↓P42〕之命掀起狂風暴雨。其起源為西閃米特系的天氣神哈達德，相傳他由西往東傳向蘇美，橫跨廣大地域與當地的天氣神和雷神同化。一般認為他乃無情的自然現象與滋潤大地萬物之雨的神格化。

洪水傳說

洪水與乾旱這2種與水有關的災害，皆被認為出自神的旨意，是凡人最恐懼的現象。美索不達米亞神話在每個時代皆存在好幾種洪水傳說。為了承受2條大河所帶來的恩澤，主政者們非常重視如何克服洪水這個問題，亞述國王辛那赫里布（Sennacherib）等許多君王，皆交出亮眼的治水成績單。

帶來苦難與恩澤，捉摸不定的天氣神

阿達德是阿卡德語的稱呼，在蘇美語則被稱為伊斯庫爾（Ishkur）。據悉其信仰歷史相當久遠，從西元前三〇〇〇年以前的早王朝時代，便可見到其存在。伊斯庫爾主掌風暴、雷、洪水、風等現象，閃電則是其象徵。一般認為他是當時深受乾燥大地與2條大河影響的水資源問題寫照，乃無情大自然的神格化。其信仰中心為卡爾卡爾（Karkar），是一座以風字命名的城鎮。另一方面，阿卡德的阿達德是甘霖、溪流等潤澤萬物之水的象徵，據信為天空之神安努〔↓P38〕的兒子。但自古以來阿達德也被認為是安努之子——大氣之神恩利爾的兒子。妻子則是農耕女神莎拉〔↓P116〕。

阿達德的雙面性也在神話中展露無疑。在洪水傳說中，阿達德受到眾神委託而操控天候。在恩利爾打算削減人類的數量，命阿達德引發乾旱時，由於人類奉上供品誠心祈禱，令阿達德心花怒放，轉而降下及時雨。如同天氣瞬息萬變般，阿達德的行為也很捉摸不定。在恩利爾再度動了消滅人類的念頭時，阿達德便乖乖從命，率領屬下舒拉特與哈尼修引發狂風暴雨，令世界被洪水淹沒。

擁有廣大的信仰圈，亦出現於聖經裡

美索不達米亞西北部比南部更盛行阿達德信仰。在敘利亞與巴勒斯坦稱其為哈達德（Hadad），建立米坦尼王國的胡里安人（Hurrians）則將其與本土雷神泰舒卜（Teshub）視為一體。在地處幼發拉底河中游流域的馬里，阿達德則是地位接近至高神的重要神祇，還留有公主伊妮普・席娜身為阿達德女大祭司的紀錄。在地中海東岸的烏加里特（Ugarit）王國，阿達德也與當地神話中的神祇融合。這名神祇則是名字意為「主人」的巴爾（Baal）。據說巴爾是集結了各種神性的神祇，而其核心神性則是由阿達德所形成的。巴爾被形容為單手高舉著棍棒的戰士，這個特徵也與阿達德十分肖似。

巴爾的名字亦出現於《舊約聖經》中。先知以利亞（Elijah）與信奉巴爾的祭司們進行祈雨競賽。他要證明左右天候的不是巴爾，而是聖經中的真主。

Shala
莎拉

以處女座的角宿一為象徵的農耕女神

莎拉是以大麥穗作為符號，源自胡里安（北美索不達米亞，以及其東西地域）的農耕女神。

莎拉的配偶為美索不達米亞北部主神，亦即天氣神阿達德［→P112］。然而，源自幼發拉底河中游流域，非常古老的豐收之神達貢［→P118］被蘇美神祇吸收後，莎拉的配偶轉而變成達貢。達貢之名意指穀物，相傳模樣為長著魚尾的人類，抑或魚頭人身。

此外，莎拉據信為火神吉拉（Girra）之母。吉拉會在「埃波月（Abu）」從天而降，點燃媲美太陽的火光。埃波月相當於現在太陽曆的7到8月，源自超渡

符號 大麥穗
神格 農耕女神

亡者的「埃波祭」。「埃波」是位於死者前往冥界途中的山丘，死者通過此處便能返回生者的世界；另一方面，生者則可以在此超渡供養亡者。在埃波月點燃燈火，是為了不讓亡者們在黑暗的冥界中迷失方向。於此時獻給火神吉拉的祈禱文則記載著其為莎拉的兒子。

在後來的時代，位於處女座的角宿一（Spica，在拉丁語為麥穗之意）被認為是莎拉的星座。順帶一提，在美索不達米亞還有一位名叫沙拉的畜牧神，不過這完全是另一個神格，乃愛之女神伊絲塔〔→P80〕的兒子，是城邦國家烏瑪的守護神。

此外，莎拉也成為別名啟明、太白的金星山脈名稱。金星的火山、溪谷、山丘名皆取自世界各國神話中的女神，特別是山脈會用掌管愛或豐收的女神來命名。例如北歐女神芙蕾亞（Freyja）、埃及神話的哈索爾（Hathor）、凱爾特神話的達努（Danu），而莎拉也以代表東方世界的豐收女神身分，加入此行列。

達貢

Dagon

別名　達剛

被描寫成怪物的古代神祇

達貢是穀物之神，常以人身魚尾或魚頭人身的形象示人。他是源自幼發拉底河中游流域，歷史悠久的神祇，曾以至高神之姿廣受各地信仰。另外，也以在烏加里特備受信奉的豐收之神巴爾的父親聞名。因美國的奇幻小說作家霍華．菲力普．洛夫克萊夫特將他描寫成統治深海的怪物神而馳名全球。

神格　穀物神、冥神、海神

信仰地區　圖圖爾、特爾卡、馬里、普茲里什、達甘、尼普爾、烏加里特

克蘇魯神話（Cthulhu Mythos）

由活躍於一九二〇～一九三〇年代的奇幻小說作家霍華．菲力普．洛夫克萊夫特所創作的虛構神話體系。在人類誕生前的超古代，來自外太空的異形們宛如天神般君臨天下。他們後來隨著時代潮流的演進而消失於地表，轉而潛伏於深海與地底，虎視眈眈地尋覓東山再起的機會，即為克蘇魯神話的世界觀。達貢則被設定成邪神之一，當人看著他的眼睛就會發瘋，精神失常。

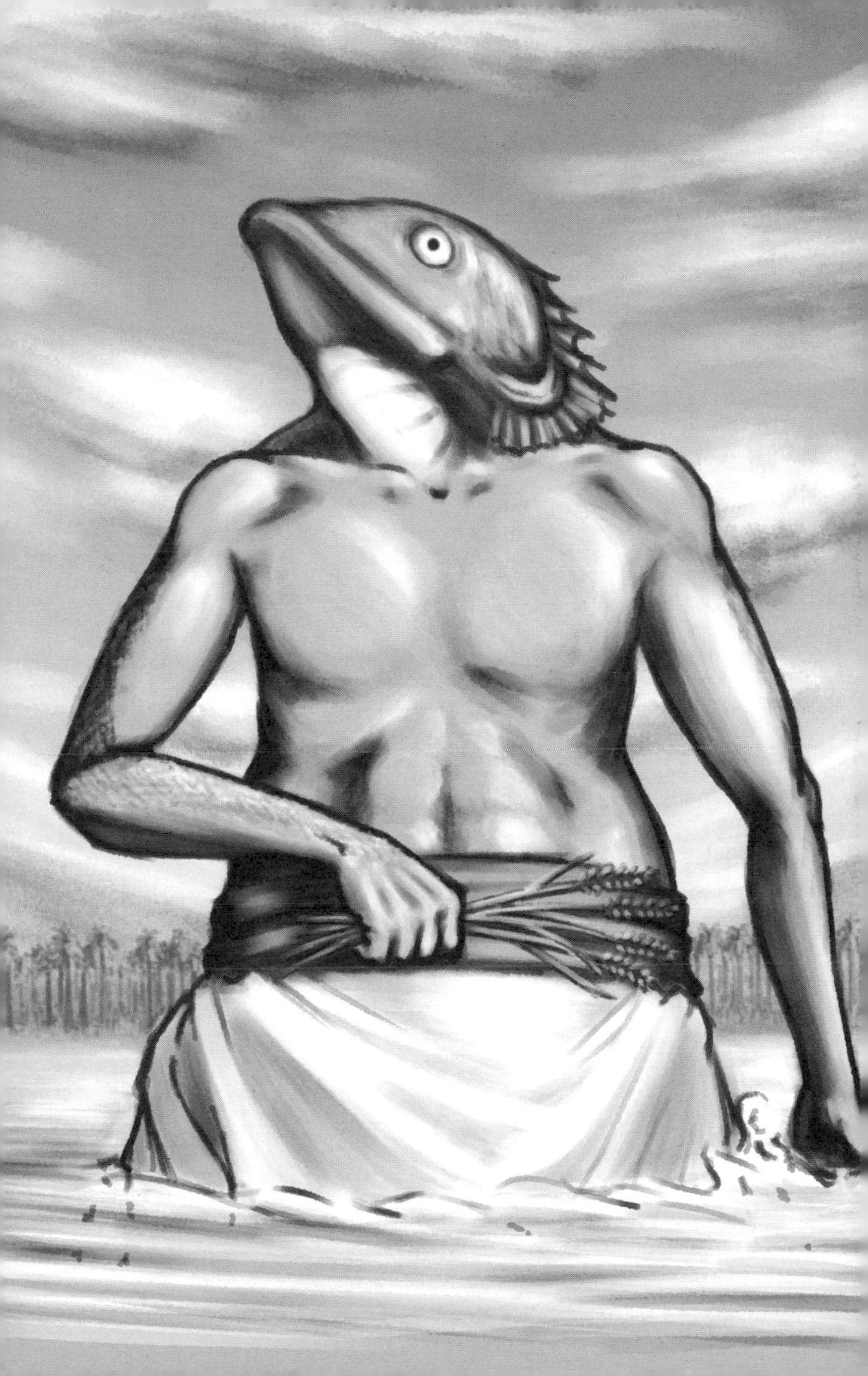

歷史悠久，曾被當作至高神崇敬的穀物之神

達貢是源自幼發拉底河中游流域，非常古老的穀物之神。據信其名字意為「穀物」，外型被描述為有著魚尾的男人，抑或魚頭人身。他亦是在烏加里特、迦南（Canaan）受到信仰的豐收之神巴爾（後來被認為等同於天氣神阿達德［↓P112］）的父親。

一般認為達貢是掌管小麥等穀物與豐穰的神祇，但也有人因達貢的外表而主張他與海洋有所關聯。此外，據悉他亦具備冥神屬性。

達貢在西元前三〇〇〇～前二〇〇〇年，以至高神之姿在幼發拉底河中游流域各都市廣受信仰，是歷史非常悠久的神祇，但其生平事蹟卻鮮為人知。在巴比倫尼亞的創世神話《埃努瑪・埃利什》中，達貢是與天空之神安努［↓P38］並列的至高神，但地位似乎逐漸被蘇美神祇所吸收。就連後來占領迦南的猶太人，都在《舊約聖經》中記載，達貢是非利士人（Philistine）的主神。

因為奇異的外型而被視為邪神？

阿卡德王朝的開創者薩爾貢（在位期間約為西元前二三三四～前二二七九年）〔↓P168〕，曾在碑文中提到達貢。據該碑文所述，薩爾貢膜拜了達貢後，獲得了位於杉樹森林（亞瑪努斯山脈）與銀山（托魯斯山脈）上方國度（馬里、伊亞爾姆迪、埃布拉）的領地。此外，在頌揚薩爾貢之孫納拉姆・辛（在位期間約為西元前二二五四～前二二一八年）〔↓P170〕功績的碑文中，則記載著「憑藉達貢神的武器，成功征服了阿爾瑪努姆與埃布拉，令納拉姆・辛的王權得以擴大」言明君王受到達貢的加持。

達貢受到完成統一天下霸業的薩爾貢，以及成功擴張領土的納拉姆・辛崇拜，但在後世卻因為奇異的外型而被當成「海洋怪物」對待。美國的奇幻小說作家霍華・菲力普・洛夫克萊夫特將達貢描寫成統治深海的怪物神，達貢則因為在克蘇魯神話這個虛構神話體系中被設定為邪神之一而變得相當有名。

Nabu

納布

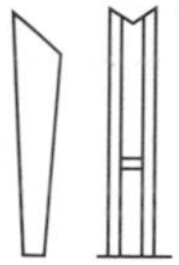

圖像 木楔

神格 書記之神、文學與學問之神、灌溉與農耕之神

信仰地區 博爾西帕、帕爾米拉

坐騎 姆修菲修

掌管文字與學問的天界書記

納布是主掌文學、學問與智慧的書記之神。身為天界書記，納布扮演著將眾神命運寫進「天命泥板」的重要角色。父親為巴比倫尼亞主神，即太陽神馬爾杜克［→P52］。納布後來擠下父親獲得崇高地位，成為全能之神。即便在後來的時代依然廣受信仰，在希臘則被認為等同於光明之神阿波羅。

天命泥板

記載著眾神命運的泥板。以楔形文字寫成，無法添加修改，定義類似證明書或條約。因此，持有天命泥板時，便能獲得決定宇宙萬物命運的權力。在巴比倫尼亞創世神話中，海水女神緹亞瑪特［→P62］將天命泥板交給緹亞瑪特軍團指揮官金固［→P200］，後被馬爾杜克奪走。

掌管書記這項蘇美社會菁英必備的技能

納布是主掌學問、文學與智慧的書記之神，乃記錄眾神命運之「天命泥板」的保管人。父親是身為巴比倫尼亞主神的太陽神馬爾杜克，坐騎則和父親相同，為緹亞瑪特怪物軍團一員的姆修菲修[→P202]。

納布所保管的天命泥板原本是貴為至高神的天空之神安努，以及大氣之神恩利爾的持有物。天命泥板記載著所有神祇的職能與芸芸眾生的壽命等資訊，據信由至高神蓋下「天印」後，所記載的內容就會生效。這可說是擁有泥板與印章文化的古美索不達米亞會有的發想。納布則身為天界書記，負責將眾神命運寫入「天命泥板」的重要任務。

納布以「木楔」為象徵，十分吻合其書記之神的形象。木楔是用來在泥板上刻畫楔形文字的書寫工具。附帶一提，要在蘇美社會成為書記，必須經過刻苦的學習，這門職業相當於現代所說的高級官員，當上書記即等於成為蘇美社會的菁英。

繼承父親馬爾杜克衣缽，成為全能之神

納布的配偶起初被認為是愛之女神，象徵山羊座的塔什美圖（蘇美語稱為娜娜雅），後來則變成穀物與書記女神妮莎芭〔→P126〕。相傳被奉為學問之神而受到崇拜的原本是妮莎芭，但這個身分後來被納布取代，才退居為配偶神。這是因為納布本來是閃米特系的神祇，在西元前二〇〇〇年初，才從敘利亞傳入巴比倫尼亞。

納布最終擠下馬爾杜克，成為全能之神。在新巴比倫尼亞王朝，以尼布甲尼撒二世（Nebuchadnezzar II，阿卡德語為納布・庫杜里・烏斯魯，Nabu-kudurri-usur）為首的許多君王，皆冠上納布之名，可見其深入人心的程度。納布的地位三級跳的原因，其實與開創新巴比倫尼亞王朝的西閃米特裔迦勒底人（Chaldeans）有相當大的關係。成為至高神的納布亦掌管豐穰與天候，成為全能之神，在巴比倫尼亞瓦解後依然持續為人所信仰。據悉希臘人將這位在帕爾米拉廣受信奉的神祇，視為等同於主掌光明與醫術等事物的阿波羅。

妮莎芭

Nisaba

別名 妮妲芭

神格 書記女神、豐收女神、穀物女神
信仰地區 埃列什

提出妙計化解難題的豐收與書記女神

妮莎芭的名字為穀物女神之意，主掌豐收與穀物。她亦掌管書記、學問、文字與計算等各種領域的學術知識，並身兼技藝女神。

相傳妮莎芭為天空之神安努，或大氣之神恩利爾的女兒。由於城邦國家烏瑪統治者盧伽爾札格西（Lugalzagesi）將妮莎芭當成個人守護神信奉，使得妮莎芭在大本營埃列什以外的地方也廣受信仰。

伊辛第一王朝的第五任君王里皮特・伊什塔（Lipit-Ishtar，在位期間約為西元前一九三四～前一九二四年），在《里皮特・伊什塔王讚歌》中，留下炫耀自己跟書記女神妮莎芭學習文字的記載。不僅限於美索不達米亞，在古東方世界會讀書寫字並非帝王的必備條件，因為讀書寫字是書記（官員）的工作。雖然不知道古美索不達米亞君王的識字率究竟是多少，但從特地留文紀念的做法來看，足見這件事有多麼令國王感到驕傲。

烏魯克第一王朝君王恩美卡爾（Enmerkar）遭東方城邦阿拉塔（Aratta）王刁難時，妮莎芭也與智慧之神恩基[→P48]一同給出建言。面對領主所出的「用網子包住穀物進行運送」的難題，妮莎芭建議「將穀物泡在水裡，等它們像豆芽菜那樣發芽後，再用網子包住搬運」。相傳當時負責傳令的使者，往返於札格羅斯山脈（Zagros Mountains）好幾趟來傳達王的旨意，最後上氣不接下氣無法完整複誦內容，才以蘆葦筆記錄在泥板上，促成史上第一篇「文書」的誕生。這則故事的用意在於讚揚書記女神妮莎芭的智慧，美索不達米亞的文書不分時代與內容，書記們一定會加上這句「榮耀歸於妮莎芭」的讚美辭。

然而，妮莎芭身為書記守護神的地位，自西元前二〇〇〇年後半以降，便被從敘利亞傳入巴比倫尼亞的閃米特系神祇納布所取代，妮莎芭不再是地位獨立的學術女神，而是被當成納布的配偶神崇拜。

Nusku

努斯庫

符號 燈

神格 傳令之神、火與光之神

信仰地區 尼普爾、哈蘭

從旁協助恩利爾惹事生非的心腹

相傳努斯庫是前後各有一張臉的雙面神，乃大氣之神恩利爾［→P42］的心腹，負責傳令。此外，他也被認為是掌管火與光的神祇。

恩利爾在蘇美、阿卡德神話中是實際上的最高權力者，扮演著對眾神下命令的角色。然而，恩利爾卻因為欠思慮的行為而再三引發糾紛。努斯庫非但未勸諫行事莽撞的主子，反而助紂為虐。

在《恩利爾與寧利勒》神話中，恩利爾對清純可人的穀物女神寧利勒［→P70］一見傾心，竟然在努比爾杜運河的土堤上強暴了她。在恩利爾做出獸行前，擔任狗頭軍師的正是祕書努斯庫。在蘇美社會，染指處女是不可饒恕之罪，這點在神界亦然。明知如此，努斯庫卻划船將恩利爾載到河岸邊，幫助主子逞獸慾。

在以洪水傳說為中心的神話《阿特拉・哈西斯傳（Atra-Hasis）》中，也可以看到努斯庫忙著為恩利爾收拾爛攤子的橋段。低階小神伊吉吉（Igigi）因不滿恩利爾強迫眾神勞動而造反，群起包圍了恩利爾的神殿，放火燒掉勞動用的工具。驚覺大事不妙的努斯庫叫醒了呼呼大睡的恩利爾，為了問出伊吉吉們造反的原因，而前去進行調停。

在這之後，為了免除眾神每日的勞役之苦，恩利爾決定請主掌生產與創造的女神貝萊特・伊莉（Belet-ili）造出人類，並透過努斯庫來傳達這項命令，接著才有7對男女誕生於世。

另一方面，身為光與火神的努斯庫，相傳扮演著透過擁有淨化作用的火焰來懲治惡人的角色。後來則被認為等同於蘇美自古以來的火神暨鍛造之神吉拉。

Mar.tu

瑪爾圖

別名　亞摩利

透過暴風破壞都市的邊境之神

瑪爾圖是如同暴風雨般席捲大地，破壞都市的神祇，據信為天空之神安努「↓P38」與豐收女神寧胡爾薩格「↓P66」的兒子，主掌戰士與來自南方的暴風。蘇美語的「瑪爾圖」是指西方的遊牧民族亞摩利人。亞摩利是約在西元前三〇〇〇年逐步入侵美索不達米亞地區的民族，後來則被編入眾神的行列。

符號 前端彎曲的手杖
神格 破壞神、暴風神、戰士之神
信仰地區 巴比倫、尼普爾
坐騎 羚羊

瑪爾圖（亞摩利人）

亞摩利是從西邊的敘利亞沙漠入侵美索不達米亞地區的民族。後來逐漸融入蘇美社會，獲得城邦國家居民的社會地位。巴比倫第一王朝君王漢摩拉比也是亞摩利人。著名的《漢摩拉比法典》則將「貴族（亞摩利人）」、「平民（無公民權）」、「奴隸」的身分階級法制化等，含括了許多遊牧民族立國的特有規定。

來自邊境對城邦居民造成威脅的破壞神

約於西元前三〇〇〇年末，分布於西方沙漠的遊牧民族逐漸入侵美索不達米亞地區，開始定居下來。蘇美語將這個第一波的遷徙活動稱之為瑪爾圖（意為「西方」），阿卡德語則稱為亞摩利。這個詞彙後來成為一名神祇的稱號，那就是執掌暴風與戰士的破壞神瑪爾圖。

相傳瑪爾圖為天空之神安努與豐收女神寧胡爾薩格的兒子，配偶為名字代表沙漠女主人之意的貝萊特・伊莉，抑或阿希拉特。瑪爾圖穿著一身長袍，手裡拿著前端彎曲的手杖（或彎月刀），帶著羚羊。如同暴風雨般席捲大地，破壞都市的神格，完全體現了蘇美人眼中所見的「野蠻」遊牧民族大舉入侵的情景。蘇美人還以沙塵暴來比喻亞摩利人的侵襲。

雖被辱罵為「野蠻種族」，討老婆卻不費吹灰之力

描述遊牧民族亞摩利人與蘇美人相處情形的神話，則是《瑪爾圖的婚事》。

某天舉行了獻給加札爾（Ghazal）城邦主神努姆修達的摔角大賽，單身的瑪爾圖接連打倒了一票壯漢。賽後婉拒獎賞的瑪爾圖，懇求努姆修達說：「我想娶你的掌上明珠，阿德嘉爾琪杜古女神為妻。」努姆修達則承諾他：「若你能將家畜養在畜舍內的話，我就把女兒嫁給你。」

女神的女性朋友們聽聞此消息後，紛紛提出勸告：「欸，那個人笨手笨腳的，只會吼吼叫，很吵耶。身上穿的是獸皮，住在野外日曬雨淋的穹廬裡，天天啃生肉，一輩子都沒有固定的家，妳真的要跟瑪爾圖這樣的人結婚喔？」面對這番言論，女神只淡淡答道：「是啊，我就是要嫁給瑪爾圖。」

從這則故事中可以很清楚看到，對於崇尚都市文明的蘇美人而言，居無定所，四處漂泊的遊牧民族除了「野蠻」之外，再無其他。然而，從《瑪爾圖神讚歌》將瑪爾圖頌揚為王權守護者、牛舍與羊舍保護者的記述來看，年輕的瑪爾圖達成了岳父所開出的嫁女兒條件，以定居的方式從事畜牧，順利娶了女神為妻。

Shiduri

希杜麗

神格 酒館女神

勸導吉爾伽美什「人終有一死」的酒館女神

名字代表「處女」之意的希杜麗，是出現在《吉爾伽美什史詩》的女神。她扮演著舉足輕重的角色，對遊走四方尋求長生不死之道的英雄吉爾伽美什〔↓P142〕提出建言與忠告。

目睹形影不離的好友恩奇杜〔↓P150〕喪命的情景，因而對死亡感到恐懼的吉爾伽美什，走遍各地想求得長生不死的方法。追求永生而長期在外漂泊的吉爾伽美什某一天來到海邊，結識了陪酒女郎希杜麗（希杜麗也被認為是「葡萄酒館女主人」）。

希杜麗曉諭吉爾伽美什「永生是神才能擁有的，凡人皆難逃一死」，並提出忠告「你還是填飽肚子，開心地跟妻子過日子吧」，勸其好好把握當下，享受現實生活。

然而，吉爾伽美什卻聽不進去。希杜麗不厭其煩地勸說，要渡過「死亡之海」相當困難，並告訴吉爾伽美什，想安全過關，就必須請世間唯一一位獲得不死能力者，烏特納皮什提姆（Utnapishtim，阿特拉・哈西斯〔↓P154〕）的僕人——船夫烏沙那畢（Urshanabi）提供協助。吉爾伽美什聽從希杜麗的建議，順利渡過「死亡之海」，會見擁有永恆生命的烏特納皮什提姆。然而，各種難關接踵而至，吉爾伽美什終究無法獲得永生。

希杜麗以陪酒女抑或酒館女主人的身分出現於故事中，不過其名字卻加上了代表神格的文字丁吉爾（Dingir，✳），因此可推測她並非一介凡人而是女神。有一說則主張，希杜麗是由愛之女神伊絲塔變身而成的。亦曾被稱為「智慧女神」的希杜麗，在人氣手遊《Fate／Grand Order》中是烏魯克的大祭司，負責輔佐吉爾伽美什，展現出聰明能幹的工作手腕。

Teshub
泰舒卜

神格 風暴神、天氣神
信仰地區 昆杴

成功篡奪王位成為至尊的西臺天氣神

蘇美、阿卡德神話對鄰近民族與國家的信仰帶來莫大的影響。被認為是在西亞最先使用鐵器的西臺人，透過鐵製武器與戰車在小亞細亞一代建立起強大的王國。他們所傳承下來的神話，正是吸收了蘇美、阿卡德神話再加以發展而成的傳說。其中被奉為主神特別受到崇敬的，是風暴暨天氣之神泰舒卜。泰舒卜的誕生故事在西臺神話中實屬特異。身分相當於泰舒卜父親的庫爾瑪比（Kumarbi）是天空之神安努〔→P38〕的臣子。野心勃勃的庫爾瑪比想方設法擊敗安努，為了不讓安努留下子孫，而將其陽具咬碎吞下肚。安努則告訴洋洋得意的庫爾瑪比「你吞下了我的3顆種子」。庫爾瑪比急急忙忙吐出種子，但有1顆怎樣就是不出來。

那顆種子即為泰舒卜。

吸收了庫爾瑪比的智慧，希望能以完整形態出生的泰舒卜，在智慧之神恩基〔→P48〕為其剖腹後，以成人之姿誕生於世。聽完安努訴說庫爾瑪比惡行的泰舒卜，向父親下戰帖並獲得勝利，成為安努的接班人。然而，庫爾瑪比執迷不悟，依然對王位虎視眈眈，並造出了岩石怪物烏利克米（Ullikummi）來應戰。對陷入劣勢的泰舒卜伸出援手的則是其妹妹，慾望與戰爭女神莎烏修卡（Shaushka）。被認為等同於愛之女神伊絲塔〔→P80〕的莎烏修卡試圖誘惑怪物來將之擊潰，但全身都是岩石的烏利克米耳不能聽、目不能視，莎烏修卡的計畫因而失敗。後來是借助恩基之力才成功打敗怪物，泰舒卜從此位居西臺神祇的頂點，獲得至尊地位。

這個篡奪王位的故事與希臘、羅馬神話十分相似，泰舒卜也逐漸被認為等同於希臘神話的主神宙斯（在羅馬神話中為朱庇特）。由此可知，世界各種神話的基礎皆流著美索不達米亞的血脈。

Asarluhi

阿薩盧希

神格　咒術之神
信仰地區　庫爾

繼承瑪爾圖神格的咒術之神

在古美索不達米亞，咒術乃生活的一部分。各種災厄，特別是疾病，皆被認為是由惡靈所引起的，因此相當盛行驅魔。與智慧之神恩基並駕齊驅，備受重視的則是咒術與淨化之神阿薩盧希。

在古巴比倫尼亞時代，作法方式會根據目的與惡靈類別細分為好幾種，大致來說為以下4類：①直接對著惡靈唸出咒語、②保護民眾躲過惡靈的攻擊、③以短篇故事的形式，先詳述惡靈情況，接著進行儀式念咒、④對著用於儀式的法器念咒。

阿薩盧希的神力主要發揮在①直接對著惡靈唸出的咒語上。咒語會加上恩基與阿薩盧希之名，讓身為咒術諸神屬下的法師們，能在儀式中保護自身免受惡靈傷害。據悉此時所念的咒語大多會以「天靈靈，地靈靈」作結。

不光只有降妖除魔，助人平安的咒術，當時亦存在著危害他人的邪惡咒術。據西元前十八世紀的《漢摩拉比法典》記載，被控使用邪術者會在河邊進行審判，若當事人被丟進河裡仍能平安生還的話，便代表無罪；若溺斃則是遭到河神處罰，代表有罪。

自古巴比倫尼亞以降，阿薩盧希與新崛起的太陽神馬爾杜克逐漸融合。實為恩基之子的阿薩盧希神格也由馬爾杜克承襲，並以恩基之子的身分受到信仰。隨著巴比倫王朝的誕生，原為巴比倫主神的馬爾杜克遂成為至高神，在這之後亦未喪失身為咒術之神的職能，在許多咒術文本中留名。

對神祈禱的蘇美男性。此為寧胡爾薩格之子，被奉祀於草木之王阿布神殿
（大都會藝術博物館藏）

第4章 英雄與守護神

Gilgamesh

吉爾伽美什

別名 比爾伽美什、比爾伽美斯

追求永恆生命的英雄王

吉爾伽美什是《吉爾伽美什史詩》主角，也是烏魯克國王。原本是無可救藥的暴君，但與摯友恩奇杜〔↓P150〕一同冒險後成長。恩奇杜因殺害「天牛」而被處死，導致他恐懼死亡，為了向不死之身的烏特納皮什提姆（阿特拉·哈西斯〔↓P154〕）請教永生的祕密而奔走。雖為半人半神，卻極人性化。

不死靈藥

相傳分布於海底，長著棘刺，名叫希布·伊薩希爾·阿梅爾的藥草。如同此名所代表的「返老還童」之意，相傳能令人青春永駐。

夢境占卜

在美索不達米亞，夢境占卜是用來得知神意的方法之一。因此，在重大事件發生前，經常做預知夢的吉爾伽美什，因而被賦予占卜神的神格。

神格 烏魯克之王、冥神、占卜之神

信仰地區 烏魯克

被神格化的君王成為史詩主人公原型

吉爾伽美什是被喻為世界最古老文學作品之一的《吉爾伽美什史詩》主人公，乃蘇美城邦國家烏魯克君王。父親盧伽爾班達〔↓P148〕亦為烏魯克國王，母親為畜牧女神寧松〔↓P76〕。相傳吉爾伽美什為半神半人，擁3分之2的天神血統、3分之1的凡人血統。「蘇美王表」則記載其為烏魯克第一王朝的第五任君王，因此吉爾伽美什乃實際存在之人物的可能性很高。根據蘇美王表所述，吉爾伽美什的在位期間長達126年，並稱其父親為風之惡魔里魯，研判在其名被編寫進王表時，業已神格化。

太陽神沙瑪什〔↓P90〕賜給吉爾伽美什俊美容顏，天氣神阿達德〔↓P112〕則賦予其雄壯威武的氣概，吉爾伽美什因而成為能夠駕馭任何武器的勇猛之輩。然而，天之驕子如他，完全不懂弱者的痛苦，奴役一般男性做苦工，對一般女性則會伸出狼爪，為所欲為，是人人避之唯恐不及的暴君。

生活在水深火熱之中的百姓們因而祈求上蒼幫忙，眾神聽到人民的請願後，遂造出野人恩奇杜來懲治吉爾伽美什。沒想到，吉爾伽美什與恩奇杜不打不相識，竟產生惺惺相惜之情而成為摯友。在這之後，兩人經常一起行動，《吉爾伽美什史詩》還記載了兩人前往位於西方的杉樹森林，聯手制伏魔獸渾巴巴〔→P178〕的故事。

長期漂泊在外追求永恆生命未果

成功擊潰渾巴巴的吉爾伽美什，在此時期已成長為懂得體恤百姓的仁君。對英明神武的吉爾伽美什動心的愛之女神伊絲塔〔→P80〕使出誘惑招數頻頻示好，吉爾伽美什卻痛斥伊絲塔淫蕩而斷然拒絕。伊絲塔勃然大怒，將天空之神安努〔→P38〕麾下的「天牛」送往烏魯克，命其大肆搞破壞。吉爾伽美什與恩奇杜則出面鎮壓，聯手打倒了天牛。

天界眾神接獲消息後，開始討論應該對吉爾伽美什還是恩奇杜判處死刑，以作為殺害聖獸的代價。有鑑於世界還需要吉爾伽美什之力，眾神因而決定處死恩奇杜。無法違抗神意的恩奇杜，就這樣在吉爾伽美什眼前逐漸衰弱而亡。

吉爾伽美什傷心欲絕，對自己終有一天將會死去一事感到恐懼不已。為了獲得永恆生命，他決定前往拜訪聲名遠播的不死賢士烏特納皮什提姆。烏特納皮什提姆被認為等同於《阿特拉．哈西斯傳》主人公，即大洪水倖存者阿特拉．哈西斯。吉爾伽美什向半人半蠍的基魯塔布利魯【↓P203】問路後，渡過死亡之海，終於在長途跋涉後見到烏特納皮什提姆。最終，他並未獲得永恆生命，但得知了能令人常保年輕的永春草位於何處。

吉爾伽美什喜孜孜地採完草，當他順道沐浴時，豈料草竟被蛇吃掉。他一屁股坐在地上哭了起來，但接著重整情緒回到烏魯克，將心力投注在強化城牆等國政上。

從暴君蛻變為仁君，極富人性的君王

直到最後，吉爾伽美什皆未能獲得永恆生命。但相信他應該是將烏特納皮什提姆所言的「生命終有一天會結束」這番話聽了進去，繼而改變想法，在有限的人生裡活出生命的價值。將餘生奉獻給烏魯克，促使國家發展的情懷實可稱之為明君。《吉爾伽美什史詩》其實也是一部描寫吉爾伽美什成長的故事。

據信原型約誕生於西元前二〇〇〇年的《吉爾伽美什史詩》，歷經4000多年的時光，依然吸引人們的一大原因，就在於「沒有不會結束的生命」這個普遍性主題。與摯友一同享受冒險犯難的時光、對摯友之死傷心落淚、對死亡感到恐懼的主人公吉爾伽美什極富人性的魅力，肯定也是加分元素之一。正因如此，在現代娛樂產業的各種作品中，都能見到吉爾伽美什的身影，人氣可謂持久不墜。

在近年的作品中，則屬《Fate》系列最為人所熟知。此作品中的吉爾伽美什對於自身乃所有故事的源流感到相當自負，桀敖不馴經常瞧不起別人，但與摯友埃爾奇杜（恩奇杜）義結金蘭，是深受玩家喜愛的「美索不達米亞最強搭檔」。此外，懷舊電玩《迷宮塔》主人公吉爾的名字，便是取自吉爾伽美什。無論在哪部作品中，吉爾伽美什都是擅長使用武器的英雄，在人設方面完全反映出史詩所述的特徵。

Lugalbanda

盧伽爾班達

憑藉著智慧與知所進退而克服困難的「微小君王」

盧伽爾班達是蘇美城邦國家之一的烏魯克第一王朝第三任君王。他是第二任君王恩美卡爾的接班人，娶了畜牧女神寧松〔↓P76〕為妻。據信其為《吉爾伽美什史詩》主人公吉爾伽美什〔↓P142〕的父親。

盧伽爾班達一詞的意思為「微小君王」。此稱號似乎是用來對比其父恩美卡爾在烏魯克創建都市，所擁有的「大王」榮銜。在「蘇美王表」中，盧伽爾班達的名字冠上了代表神格的丁吉爾（※）楔形文字，由此可知他被奉為神祇。從其在位長達1200年的記述來看，盧伽爾班達長年以來皆被視為傳說的人物。然而，近年來的研究結果顯示，吉爾伽美什乃實際存在之人物的可能性極高，學界

神格 烏魯克王辛卡西德個人神
信仰地區 烏魯克

因而開始認為其父盧伽爾班達可能也真有其人。

盧伽爾班達是恩美卡爾的第八個兒子，排行老么。儘管如此，他之所以能贏過哥哥們登上王位，與他既有智慧又懂得深思熟慮的個性有相當大的關係。從《盧伽爾班達史詩》中的故事，便能看到這項特質。

盧伽爾班達因與敵對城邦阿拉塔交戰，而於行軍途中生了重病，病倒在叢山峻嶺裡。後來在眾神的保佑下，總算痊癒，但他命軍隊先行離開作戰，因而迷了路。他靈機一動打算請棲息在山中的怪鳥祖〔→P188〕幫忙，接著將祖的雛鳥們打扮得漂漂亮亮，並獻上珍饈示好。對此大感歡喜的祖提出了各種誘人的方案當回禮，但盧伽爾班達一概婉拒，最後說出唯一的心願「請賜給我不管怎麼活動都不會疲累的腳力與腕力」。對盧伽爾班達謙遜的態度十分滿意的祖，遂成全了這項願望。

盧伽爾班達就這樣追上了軍隊，對烏魯克的勝利多所貢獻。此外，他亦確實遵守祖所提出的「為避免遭人嫉妒，這件事你絕對要保密」的忠告，明哲保身，在這之後亦未招來橫禍。

Enkidu 恩奇杜

與吉爾伽美什以拳交心成為摯友

恩奇杜是為了懲治原為暴君的吉爾伽美什，由大地女神阿如如所造出的野人。他透過吉爾伽美什安排與聖妓交合，因而被喚醒人性。他與吉爾伽美什大打出手後，惺惺相惜並結為莫逆。之後兩人焦不離孟，孟不離焦，聯手擊敗魔獸渾巴巴［↓P178］，但因為殺害「天牛」之罪，而被眾神處死。

天牛

對吉爾伽美什求愛遭拒的愛之女神伊絲塔［→P80］，拜託天空之神安努［→P38］出借而派往烏魯克的巨大公牛。相傳長著青石牛角。天牛與恩奇杜戰得難解難分，最後被擊倒。

聖妓

在美索不達米亞的祭司中，有專門為神奉獻，提供性服務者。據信，賦予恩奇杜人性的即為此類「神聖化的娼妓」。

神格 家畜之神

出生來當吉爾伽美什的敵人，卻與其成為摯友

恩奇杜是相傳造出人類的大地女神阿如如，透過黏土所捏出的野人。他繼承了戰神尼努爾塔［→P72］的神力，全身毛茸茸，有著一頭長捲髮，過著與野獸沒兩樣的生活，吃草、飲水的習性皆與野獸無異。如此駭人的生物之所以會誕生在世上，則與眾神的計謀有關。烏魯克王吉爾伽美什的暴政令眾神感到頭大，因而打算派出能與之抗衡的猛者去踢館，以求來個兩敗俱傷。

豈料，吉爾伽美什對恩奇杜很感興趣，想要延攬他來烏魯克，故派出了任職於王宮的聖妓。與聖妓交合後的恩奇杜，被喚醒了人性與知性，同時失去了與野獸的情感連結，令其決定動身前往烏魯克。

在聖妓帶路下抵達烏魯克的恩奇杜，受到英雄式的歡迎，在國家廣場與吉爾伽美什較勁，捉對廝殺。雙方如同公牛般激烈碰撞，摧毀了四周建築的牆壁和門扉，依然分不出高下。就在吉爾伽美什膝蓋觸地時，兩人認同彼此的實力，成為一生的摯友。

代表生命的終結，扣合史詩主題

在這之後，恩奇杜經常伴隨吉爾伽美什左右，亦跟著他前去打倒奉大氣之神恩利爾［→P42］之命鎮守於杉樹森林的魔獸渾巴巴。吉爾伽美什在途中做了一個暗示著兩人將制伏渾巴巴的夢，戰況也如夢所見般順利，兩人砍下渾巴巴的首級，大獲全勝。

在愛之女神伊絲塔勾引吉爾伽美什不成，氣沖沖地將巨大「天牛」送往烏魯克之際，恩奇杜出面應戰，立下大功。他抓住天牛犄角，令其動彈不得，並與吉爾伽美什聯手撕裂其心臟。然而，這番傑出的表現卻換來一場悲劇。

眾神召開會議，決定將恩奇杜處死，以作為殺害神之使者渾巴巴與天牛的懲罰。恩奇杜自此臥病在床，在吉爾伽美什的照看下離開人世。這件事成為令吉爾伽美什對死亡深思的契機。恩奇杜在《吉爾伽美什史詩》中是相當重要的人物，與「生命終會結束」的主題有很深的關聯。

Atra-Hasis

阿特拉・哈西斯

別名 烏特納皮什提姆、齊蘇德拉

神格 神選的不死之人

於大洪水中倖存而成為不死的賢者

他在《吉爾伽美什史詩》中名為烏特納皮什提姆，是勸諫吉爾伽美什的不死賢者。在阿卡德語的敘事詩《阿特拉・哈西斯傳》中，則是名為阿特拉・哈西斯的主角。無論哪則故事中都是搭乘方舟逃離天神引發的大洪水，因守護人類子孫有功而獲得永恆生命。據信他相當於《舊約聖經》中的挪亞。

方舟

為了逃過天神所引發的大洪水而打造的巨大船隻。阿特拉・哈西斯帶著家人與動物搭上此船，在水上漂流了七天七夜。除了他與家人以外的人類全數滅亡。

鴿子、燕子、烏鴉

這是從方舟被放出來確認洪水是否退去的3種鳥類。牠們並未在《阿特拉・哈西斯傳》中登場，而是出現在烏特納皮什提姆的陳述裡。

存在著多種版本的美索不達米亞洪水傳說

美索不達米亞神話中，存在著數種內容大同小異的洪水傳說。故事大綱為「神為了消滅人類而引發洪水，只有神選之人才有資格搭船逃生。除此之外的人類將全部滅亡，世界從此邁向新時代」。關鍵人物「神選之人」在各版本的故事中有著不同的名稱，但因為拯救人類子孫有功而獲得神賜的永恆生命這項設定是共通的，因此各版本的神選之人大多會被視為同樣的人物。

而被視為同樣人物者，則是《大洪水傳說》中，名字意為「永恆生命」的齊蘇德拉（Ziusudra）、《吉爾伽美什史詩》中，名字意為「獲得生命者」的烏特納皮什提姆，以及《阿特拉．哈西斯傳》的主人公，名字意為「最傑出賢者」的阿特拉．哈西斯。

《大洪水傳說》文本因多處破損，無法得知神要消滅人類的原因，《阿特拉．哈西斯傳》則描述因為人類數量暴增，令世界鬧哄哄所致。而在《吉爾伽美什史詩》中，提到了透過鳥類來確認洪水是否退去的情節，3則故事在細節上有所不同。

洪水是最令古代民眾感到恐懼的自然災害

曾是舒魯帕克（Shuruppak）國王，後成為不死賢者的烏特納皮什提姆，在《吉爾伽美什史詩》中，為了規勸追求永恆生命的吉爾伽美什，而講述了洪水傳說。烏特納皮什提姆聽從智慧之神恩基〔→P 48〕所言，打造了船隻，並帶著家人與動物乘船逃難，在洪災中倖存下來。在這之後雖獲得永生，但也領悟到這只不過是神意所為，人終究難逃一死，並以此曉諭吉爾伽美什。

位處2條大河之間的美索不達米亞，洪水是最常發生，也是最令人感到恐懼的自然災害。這就好比地震之於日本那樣。正因如此，才會產生好幾則洪水傳說，並不斷傳承下來。

提到洪水傳說，最廣為人知的莫過於二世紀左右問世的《舊約聖經》中的〈挪亞方舟〉故事。據估《大洪水傳說》約於西元前二十世紀問世，研判挪亞方舟可能是以美索不達米亞的洪水傳說為原型寫成的。

阿達帕

Adapa

神格　阿普卡魯（仙人）、埃利都統治者
信仰地區　埃利都

令人類無法獲得永生的賢者

《阿達帕傳》是講述由智慧之神恩基［↓P48］所造出的賢者阿達帕，與神賜的永恆生命失之交臂的故事。這則故事在古埃及甚至被刻畫於書記官的教科書泥板上，因而廣為流傳。阿達帕是被恩基賦予智慧所造出的人類（抑或阿普卡魯這種類似仙人的存在），為了在人間推廣農耕與工藝等技術，而被派到「上天首度降下王權的都市」埃利都。

故事的背景就在這座近海都市埃利都，現則位於伊朗南部。阿達帕來到此地後，每天都乘船出海，捕撈獻給神的魚。某天，船隻在南風的強烈吹拂下翻覆，阿達帕因而落海。他忍不住咒罵「我要把南風的羽翼折斷」。即便是現代人也無法隨心所欲操控風向，古代人更不可能認為這番隨口說說的詛咒會成真。然而，在這之後連續7天，風還真的停了。阿達帕因為令南風折翼而被天空之神安努〔→P38〕傳喚至天界問罪，並對自己詛咒南風一事表示懺悔與道歉。阿達帕真摯的態度成功平息了安努的努火，安努接著拿出禮物相贈，起初是麵包，再來是水。其實這是為了將阿達帕升格為神，用來賜予其永生的法寶。然而，阿達帕卻拒絕收下。因為恩基在事前叮囑他「安努說要給你的東西，其實是致死之物，千萬不能收」。

這個故事存在著2個謎團。其一為恩基的意圖。究竟是擔心怒火攻心的安努會殺了阿達帕才如此警告，抑或其實是想阻止阿達帕獲得永生呢？其二為阿達帕的真實想法。究竟他是耿直地恪守恩基所言，抑或知曉那是「永生之水與麵包」而蓄意拒絕呢？古人又是如何解讀這位賢者所做出的選擇呢？在這之後，相傳阿達帕以凡人身分而非仙人之姿回到人間，獲得了統領埃利都的特別權力。

Etana
埃塔納

飛天鑽地只求生下繼承者的基什王

埃塔納被認為是實際存在於古基什王朝的君王，亦被記錄於「蘇美王表」中。他原本是牧人，在大洪水後被選中成為由神所創的基什領地統治者。由於遲遲未能誕下子嗣，因而前往尋找相傳能令人受孕的授子草。目前雖發現多張埃塔納騎在鷹背上的圖像，但故事全貌依然成謎。

授子草

美索不達米亞神話中常常會出現特別的植物。據《吉爾伽美什史詩》所述，吉爾伽美什雖獲得了能永保年輕的永春草，卻被蛇吃掉，蛇因而會透過脫皮來回春。像這類特別的植物十分難尋，相傳埃塔納所尋覓的「授子草」長在天空中。

符號 角冠
神格 基什王、冥神
信仰地區 基什
坐騎 老鷹

一心求子的君王，飛往天空展開大冒險

在大洪水後，神為了倖存的人類而造出基什這個地方，並認為需要有君王來治理此地。眾神放眼人間，決定任命把羊群管理得服服貼貼的牧羊人埃塔納為王。埃塔納果真沒辜負眾神的期待，廣施德政，建造神殿，開鑿運河，治國有方。但他最大的煩惱則是與王后之間沒有孩子。在他誠心祈禱下，太陽神沙瑪什[→P90]決定助其一臂之力。沙瑪什告訴埃塔納前去搭救一隻掉進深穴的老鷹，若能成功駕馭牠，便能找出長在天空的授子草。

這頭老鷹掉入洞穴的背後則有這麼一段故事。在埃塔納所興建的神殿附近有一棵樹，老鷹與蛇感情融洽地在這裡一起生活。有一天，老鷹卻吃掉蛇的孩子。老鷹將孩子們的勸諫當耳邊風，痛失孩子的蛇則怒不可遏。蛇借助沙瑪什的智慧，設下陷阱令老鷹掉進洞穴裡。儘管有這麼一段過節，在沙瑪什的允許下，埃塔納救出了老鷹，花了數個月的時間總算有辦法駕馭牠。

想世襲王權一點都不簡單

終於出發尋找授子草的埃塔納一路往天空飛去。他朝著位於天界的智慧之神恩基〔→P48〕與大氣之神恩利爾〔→P42〕的宮門一拜，老鷹接著愈飛愈高，不斷往上升。埃塔納眼看就快缺氧，心想「再飛下去可能昏倒」正打算放棄時——。

故事結局因泥板缺損，至今依然不得而知。究竟埃塔納是否就這樣從空中墜落呢？然而，在這之後埃塔納似乎順利生下了兒子，據「蘇美王表」記載，活了1560年的埃塔納在過世後，由兒子巴利夫（Balih）接位。此外，《吉爾伽美什史詩》則提到，埃塔納為死後升天的君王，並成為冥神之一。

古蘇美國王和近鄰的古埃及等國家不同，並非世襲制。欲成為下一任君王，必須展現出相應的實力，亦即王本身得擁有足以通過各種考驗的能力。埃塔納之所以會因為求子而面臨試煉，可說是反映出當時世間所要求的君王資質。

Assur

阿蘇爾

別名 阿瑪爾圖

軍事強國亞述的真正君王

阿蘇爾是亞述王國的神格化，關於其神性則並無定論，但隨著亞述的統轄範圍擴大，他也從地方神升格為美索不達米亞主神。相關史跡顯示他約在前十三世紀被認為等同至高神恩利爾〔↓P42〕，約前九世紀則等同至高神安努之父安沙爾。凡人君王只不過是他的「代理人」，阿蘇爾才是亞述的「真王」。

亞述王國

以自古以來位處交通要衝的都市阿蘇爾為起點，發展成古東方世界的強國之一。西元前三〇〇〇年～前六一二年，直到首都尼尼微淪陷前，歷經無數次的興衰更迭。黃金時代則是始於相傳在西元前八八三年即位的阿蘇爾．納西爾帕二世（Ashurnasirpal II）統治時期。歷代君王皆擅長打仗，領先各國導入劃時代的戰術，例如組建騎兵隊、打造用來破壞城牆的巨大設備等。

圖像 角冠

神格 亞述國家主神

信仰地區 阿蘇爾、尼尼微 等

坐騎 姆修菲修

亞述人民最為期盼的「至高神地位」

在西元前十九世紀以前，相較於都市文明遍地開花的南部，北美索不達米亞的阿蘇爾（現稱卡盧亞．希盧卡，Qal'a Shirqa）就是個化外之地。這裡隨著與安納托力亞（位於現今的土耳其）的貿易往來累積了財力，成為強盛的國家。

地方都市阿蘇爾之所以會被神格化，研判與當地人民每當要發願時，就會對著城邦起誓的習慣有關。晉升為神的阿蘇爾，其實就是在古東方文明史上留下璀璨光輝的一大帝國——亞述的化身。

不過，當時卻遇到一個問題。由於阿蘇爾是土地的神格化，沒有相關依據可以來佐證他與其他神祇之間的上下關係。因此，亞述王們每逢戰爭與擴大領土之際，就會想盡辦法來提升阿蘇爾在神界的地位。諸如將阿蘇爾與恩利爾和安沙爾融合、命人繪製圖像，讓阿蘇爾頭戴只有恩利爾與安努〔→P38〕才有資格配戴的角冠等等，但這些方法仍無法令王感到滿意，在西元前十九世紀的亞述王沙姆希阿達德一世（Shamshi-Adad I）在位期間，為了將阿蘇爾塑造成不遜於死對頭巴比倫尼亞主神馬爾杜克［→P52］的天神，甚至無所不用其極。

絕對不願被巴比倫尼亞主神馬爾杜克比下去

亞述國民狂熱信仰阿蘇爾在當時乃眾所周知的事實。亞述軍隊攻克他國領土後，會毫不留情地教訓不肯投降的當地人民，甚至強迫異民族遷移。攻無不克的堅強軍力令亞述被稱為「亞述狼」，令人聞風喪膽。

據信於西元前七〇四年即位的辛那赫里布王，徹底敵視巴比倫尼亞。在他攻克首都巴比倫之際，將整座城市夷為平地，並放聲高喊「朕徹底毀了巴比倫」。在後世的發掘調查中亦可看出巴比倫被蹂躪的景況。馬爾杜克的神像宛如人質般被帶走，在阿蘇爾面前硬生生地矮了一截。阿蘇爾就這樣取代馬爾杜克成為至高神，甚至還出現阿蘇爾乘坐著馬爾杜克的坐騎姆修菲修［→P202］的畫像。

這樣的行為當然引來了不滿。約在西元前七世紀，就連亞述都抵擋不住周邊異民族的流入，加上過去被稱為「亞述狼」的軍隊曾幾何時已由職業軍人取代，從前強到堪稱野蠻的戰力亦不復見。隨著亞述沒落，阿蘇爾神也跟著銷聲匿跡。

Sargon

薩爾貢

神格 阿卡德王

改革蘇美，晉升為「全境之王」

史上第一位在政治層面上一統蘇美各城邦的是，閃米特族裔的阿卡德王朝君王薩爾貢。薩爾貢一詞的意思為「正統君王」，據悉並非本名，而是在其即位後所自封的名號。薩爾貢從貫徹自治原則的各城邦手中奪走司法權、軍事權，落實統一曆法等制度，並自稱為「全境之王」。

在薩爾貢崛起的西元前二十五世紀左右，群雄割據的蘇美各城邦，在烏魯克王盧伽爾札格西的活躍表現下，已然統一在即。薩爾貢則擊敗盧伽爾札格西，建立了阿卡德王朝。

薩爾貢獲勝的祕訣在於軍隊。當時的蘇美軍作戰方式是配備矛槍與盾牌的方陣（phalanx）戰法，但阿卡德軍則注重機動性，採用以矛槍搭配弓的輕裝作戰方式。他組織了直屬於王的常設軍隊，而非臨時徵召農民上戰場。

留下如此輝煌的政績，卻連本名都無從查起的薩爾貢，其出生與成長背景亦成謎。根據在後來的時代所編寫而成的《薩爾貢王傳說》所述，薩爾貢的母親是祭司，不得懷孕生子，因此薩爾貢一出生就被拋棄於幼發拉底河，後來被園藝師扶養長大，在果樹園工作。薩爾貢並非出身王族，而是白手起家的君王。

從平民變成一國之君的薩爾貢，也留下許多豪邁的傳說。相傳他在戰爭結束後，以豪華餐點慰勞直屬於王的5400名士兵。據信此故事與《新約聖經》中講述耶穌神蹟的〈五餅二魚〉頗為相似，若只是藉此來比喻薩爾貢有多慷慨大方，未免也太豪氣干雲。

薩爾貢是將城邦自治意識根深蒂固的蘇美整合為一的魅力型領袖。他並未將自身神格化，但就連後來的亞述王都出於崇敬之意而使用其名。西元前九世紀的薩爾貢二世，則是毫不遜色於阿卡德的薩爾貢，統治著強大國家的明君。

Naram Sin

納拉姆・辛

美索不達米亞首位自封為「神」而受到唾棄的君王

阿卡德王朝第四任君王納拉姆・辛，相當於首任國王薩爾貢之孫。據信其約於西元前二二五四年即位，接掌了薩爾貢所建立的統一王朝，並再三遠征，征服了西至敘利亞北部與安納托力亞，東至伊朗蘇薩的土地。納拉姆・辛這個名字的意思為月神辛［→P86］最愛之人。他以「四方世界之王」、「四海之王」等威風凜凜的名號自稱，不過他在歷史上最令人印象深刻的事蹟，則是將王神格化的第一人。

巴黎的羅浮宮美術館藏有記錄著納拉姆・辛打勝仗的巨大勝利紀念碑。相較於其他銘碑，此紀念碑則以繪畫手法呈現。王站立於畫面中央附近，腰上圍著

符號 角冠
神格 阿卡德王

一條類似短裙的衣物，搭配涼鞋，呈現戰鬥裝扮，腳下則踩著被其制伏的敵軍。在王的右手後方則有聳立的山峰，看起來也像是王正向山神展現自身的勝利般。納拉姆．辛在這個紀念碑中頭戴角冠，這除了解釋成將自身神格化之外，也沒有其他更加合理的說明了。以卓越的浮雕技術所製成的這塊紀念碑，將原本用來獻給神的技藝轉用在歌頌君王的豐功偉業上。

納拉姆．辛還留下一則傳說。相傳他曾蓄意將幼發拉底河水引流入城，發動「洪水戰術」，殺害了2525名基什人。這在當時的民眾眼中，根本就是「不把神放在眼裡」的傷天害理行為。從《阿加德的詛咒》這部文學作品中，便能一窺當時人們對納拉姆．辛的觀感。據信阿加德（Agade）為阿卡德的首都所在地。書中寫著納拉姆．辛是褻瀆神祇之人，才會面臨阿卡德滅亡的報應。

實際上阿卡德是在納拉姆．辛死後，因為古提人（Guti）的入侵才開始衰落，諷刺的是，這成為蘇美人再次崛起的契機，帶動了之後由蘇美人所建立的王朝——烏爾第三王朝的誕生。

Shulgi
舒爾吉

神格　烏爾第三王朝君王、烏爾守護神

自封為神，留下許多「讚歌」的文人王

繼納拉姆．辛後以神自居的王，即為鐵腕統治烏爾第三王朝的第二任君王舒爾吉。他約於西元前二〇九四年即位，在烏爾建造了設有巨型塔廟的大神殿，帶動城邦繁榮發展。他亦興建了「舒爾吉神殿」來彰顯自身的神格化，還創出「舒爾吉神祭祀月」在曆法上留名。

此時距納拉姆．辛的時代已大約經過150年，民眾對王神格化的態度也軟化了不少，不過舒爾吉與納拉姆．辛的作風大相逕庭，以知性文人王的形象在歷史上留下精彩的一頁。

舒爾吉最傲人的政績，應屬內政革新。他針對審判、行政、納稅、度量衡制

度進行改革，強化社會性基礎設施。在遺址發掘調查中亦有無數被認為是出自其時代的經濟文書出土，據此可以想像指示官員製作這些資料的舒爾吉有多勤政、能力有多優異。其實很會念書這件事似乎令舒爾吉感到無比驕傲，因而拚命往自己臉上貼金。像是炫耀從孩提時代開始上學以來「在讀、寫、計算方面樣樣比人強」，或是自稱為「書記女神妮莎芭〔→P126〕的聰穎書記」等。

雖說王積極宣揚自身的功績乃當時的潮流，不過舒爾吉留下了大量的相關文章，甚至還集結成被稱為《舒爾吉王讚歌》的系列作品。當中還有一篇描寫了舒爾吉與主掌豐收與戰爭的愛之女神伊絲塔〔→P80〕的聖婚儀式。與不存在於同一時空的人物結婚，以現代方式來說就好比娶二次元人物為妻那樣，當然這在古代是宗教意義大過實質意義。因為與伊絲塔舉行聖婚，也有祈求豐收與打勝仗的含意。

舒爾吉所留下的詩文，向現代人展現出欲透過言語的力量打入神界的文人王風采。

拉瑪蘇

Lamassu

別名　蘭瑪、拉瑪斯圖

神格　神殿守護神

被帶往歐美的神殿守護女神

拉瑪蘇的形象為長著翅膀的人面公牛或人面獅身，以門神之姿，從蘇美到阿卡德時代，以及後來的阿契美尼德王朝波斯時代，廣泛見於美索不達米亞地區。這是一種在蘇美被稱為蘭瑪，在阿卡德被稱作拉瑪蘇的精靈，並留有許多雕像。其中一座至今仍佇立於伊朗波斯波利斯（Persepolis）遺址的「萬國之門」前方。

拉瑪蘇的起源可追溯至蘇美時代早期所繪製的拉瑪（Lama）女神像。負責為參拜者指路，將其帶到神祇面前，即為拉瑪蘇所負責的工作。圖像中的拉瑪蘇衣服上有著長長的衣紋皺褶，舉起單手或雙手合於臉前，向神祇介紹參拜者。從拉瑪蘇所扮演的角色來看，可合理推測她因為這樣而逐漸被當成連結人與神的場所

＝神殿守護者來信奉。

從拉瑪所衍生而出的「阿拉杜拉姆」一詞，後來則用來稱呼設置於王宮或神殿門口的巨大雕像，約從新亞述時代開始被描繪成人面有翼獸的形態，並被稱為拉瑪蘇。雖然長著鬍子，性別卻是女性，這點應該是受到拉瑪是女神的影響。

時間來到十九世紀中葉，在歐美研究團隊開始挖掘美索不達米亞遺址後，拉瑪蘇像大受歡迎，博得超高人氣。其人面獸身的形象引發人們的興趣，考古人員紛紛將拉瑪蘇像帶回自己的國家。

保存於倫敦大英博物館的拉瑪蘇像，由於當時埃及尚未有蘇伊士運河，因此這座拉瑪蘇像沿著底格里斯河而下抵達波斯灣，接著繞過非洲大陸南端的好望角，航行了一大圈才抵達倫敦。此外，美國芝加哥大學內的小型博物館也藏有拉瑪蘇像。在治安不穩定、伊斯蘭激進組織所造成的破壞威脅著遺址存亡的現代，比起待在中東，或許身處國外才能確保拉瑪蘇像的安全。

被奉為神殿守護神而備受崇敬的拉瑪蘇像
（大都會藝術博物館藏）

第5章 怪物、惡靈

渾巴巴

Humbaba

別名　胡瓦瓦、漢巴巴

遭英雄擊潰的黎巴嫩雪松守護者

渾巴巴在《吉爾伽美什史詩》中，是保護黎巴嫩雪松的守衛。相傳他有著人類身軀、獅子腿，腳尖則長著禿鷹爪，留著一頭散亂長髮與長鬚搭配怪物面容。雖被描寫成可怕的怪物，另一方面也被認為是森林的精靈。後來被英雄吉爾伽美什【↓P142】與其朋友恩奇杜【↓P150】奪走性命。

黎巴嫩雪松

相傳這是茂密生長於渾巴巴駐守之森林的樹木。這並非虛構的植物，而是實際存在的松科針葉樹，亦被描繪於黎巴嫩國旗。過去是經常用於建築的材料，但因為遭到大量砍伐導致森林消失，如今只剩幾片小樹林，並受到管理保護。似乎可聽到渾巴巴嘆息表示，所以才需要我來把關嘛……。

神格　森林守護神、森林精靈

信仰地區　美索不達米亞全境

被塑造成與吉爾伽美什敵對的渾巴巴

或許會有讀者認為，在《吉爾伽美什史詩》中與吉爾伽美什對戰的渾巴巴，既然是英雄誓言要打敗的對象，想必應該很凶惡……然而，實際上卻也無法如此斷言。渾巴巴是保護黎巴嫩雪松的森林守衛，而且相傳是由大氣之神恩利爾〔→P42〕任命的。因此，換個觀點來看，渾巴巴只不過是貫徹使命，盡責守護著黎巴嫩雪松罷了。

既然如此，為何吉爾伽美什決意討伐渾巴巴呢？其實，渾巴巴的存在對於想取得木材的民眾而言乃一大阻礙。因此吉爾伽美什便向恩奇杜提議此事。然而，恩奇杜因為做了不祥之夢而心生恐懼地表示：「渾巴巴的叫聲如洪水，口吐火焰、氣息能致人於死地，為何你要前去討伐他？」欲藉此來勸退吉爾伽美什。但吉爾伽美什卻回他：「好友啊，你那天不怕地不怕的氣魄是跑哪去了。只管跟著我大喊，衝啊，沒有什麼好害怕的。即便我倒下，這段與渾巴巴交戰的紀錄，相信也會流傳給後代子孫知曉。」而決定落實此計畫。

兩人抵達森林後，一一將樹木砍倒，一路往森林深處前進，怒氣衝天的渾巴巴於焉現身。吉爾伽美什請太陽神沙瑪什〔↓P90〕相助，從天空颳起強風鎮住渾巴巴，令其動彈不得，渾巴巴只能哀求入侵者饒命。恩奇杜見狀遂建議好友直接給予致命的一擊。吉爾伽美什從善如流，與恩奇杜聯手砍下渾巴巴首級。

近年透過發掘調查所出現的新解釋

目前有許多以渾巴巴形象塑造而成的雕像出土。背後原因在於，當時所用的肝臟占卜（分析羊肝狀態來進行占卜的方法），有代表渾巴巴的相，研判這些雕像應該是為了傳授與推廣占卜而被創造出來的，或者可能是用來做為避邪的護身符。

二〇一五年，據信為《吉爾伽美什史詩》缺損部分的石版在發掘調查中出土。據此石版所述，渾巴巴與恩奇杜原本是朋友。這份資料尚在研究分析中，不過若兩人真為朋友的話，那麼恩奇杜要吉爾伽美什做出致命一擊的建議，又可以產生不同的解釋。

Pazuzu
帕祖祖

神格　病魔之王、咒術之神、邪神、魔王、惡靈之王

信仰地區　美索不達米亞全境

令人們聞之色變的惡靈之王

帕祖祖被認為是邪神、魔王，是令人感到驚恐的存在。他的身軀似人但布滿鱗片，有著獅臉獅腿、鷲爪及鳥類翅膀。從這個驚悚到極點的外型來看，便能得知他是人們自古以來所畏懼的對象。據信帕祖祖是會隨風帶來疾病的病魔，另一方面，他也很常被畫在用來保護人們遠離疾病的護身符上。

驅邪化煞護身符

帕祖祖是會帶來疾病的魔頭，不過相傳他會擊退地位比自己低的妖魔、醫治手下惡魔所引起的疾病。因此緣故，人們製作了許多帕祖祖雕像來當作護身符。據悉帕祖祖雕像會被掛在房間內使用。巴黎羅浮宮美術館內的帕祖祖小雕像則相當有名。

隨風散播疾病的病魔之王

帕祖祖被認為是會帶來疾病的邪惡魔王，令人們恐懼不已。當時從美索不達米亞東南方的波斯灣所吹拂而來的風，不但會造成酷暑，還含有會令人們眼睛喉嚨發痛的沙粒，因而被當成散播疾病之風而引起恐慌。民眾相信這種致病之風是受到帕祖祖的操控。

相傳當人被帕祖祖所颳起的風吹到時，會深受噁心想吐與頭痛等症狀所苦，為了治好帕祖祖所引發的疾病，會透過儀式或咒語進行治療。

在許多遊戲和電影中都可看到帕祖祖的身影。其中最令人印象深刻的，當屬《大法師》系列電影。劇情講述一名少女被惡魔帕祖祖附身，與想盡辦法驅魔的神父之間展開激烈的攻防戰。在電玩遊戲《女神轉生2》中登場的帕祖祖（在遊戲中為魔王帕祖祖），扮演著舉足輕重的角色，是促使主人公決心踏上旅程的契機。他在遊戲中以謙遜的言辭和恭敬的態度來接觸人類，在人物設定方面相當創新有趣。在電玩遊戲《勇者鬥惡龍》系列中，則有名叫帕祖祖的敵對怪物登場，在怪物群中屬於高階之輩，令玩家們陷入苦戰。此人物的原型研判也是來自帕祖祖。

雖被視為病魔卻廣受信仰的理由

惡魔形象深植人心的帕祖祖，卻有著被當成守護神崇拜的另一面。因為人們相信，對帕祖祖獻上供品，誠心祈禱，帕祖祖就會趕跑惡魔與疾病，保佑信眾免受其他惡魔侵擾。實際上在考古調查中也挖出了許多帕祖祖雕像護身符。人們似乎認為透過拉攏病魔界的龍頭老大帕祖祖，就能保護自己不受疾病與惡魔傷害。

帕祖祖有個名叫拉瑪什圖（Lamashtu）的妻子。他的妻子也是會帶來疾病的惡魔，尤其會造成懷孕中的女性和兒童生病，令人感到恐懼。相傳帕祖祖與拉瑪什圖既是夫妻，同時也是死對頭抑或敵對關係。帕祖祖不但打敗了拉瑪什圖，還將其趕往地下世界生活。

帕祖祖雖然是惡魔，但跟神一樣廣為受到民眾信仰。

莉莉圖

Lilitu

別名 利爾、莉莉、阿塔魯特・莉莉

神格 惡靈、鬼怪、夜之魔女

專對女性與兒童下手的恐怖惡靈

莉莉圖又被稱為「夜之魔女」，乃夜晚或疾病等令人恐懼之事物的象徵。正確來說，莉莉圖其實是此族群的統稱，男性叫做利爾，女性為莉莉圖，處女則稱為阿塔魯特・莉莉。這3種妖魔在性別等方面雖有若干差異，但擁有相似的性質。一般認為莉莉圖就好比所謂的「三聯畫」般，由三者構成。

利爾棲息於荒郊野外等地，專門獵殺懷孕中的女性與幼童，令人避如蛇蠍。莉莉圖相傳為利爾的女性版本，也是會對孕婦和女性帶來危害。而阿塔魯特・莉莉則是風之精靈，被描繪成有著一頭亂髮的女子。她會害懷孕中抑或剛生產完的婦女得到傳染病、令孩童生病，有時甚至會奪人性命。此外，據信她還會引誘年輕男性，令其不孕或不能人道。這3種妖魔被認為特別會對女性、兒童與夫妻帶來不幸，令人們驚恐不已。

在猶太教的口傳文學中，提到一位名叫莉莉絲（Lilith）的惡靈。有一說主張莉莉絲為神所造出的第一位女性，乃亞當之妻，但與亞當為了性愛體位起爭執，憤而離家出走前往沙漠，並在此與惡魔交合，生下了許多惡魔。據信莉莉絲為病魔之王帕祖祖〔→P182〕之妻——拉瑪什圖的起源。拉瑪什圖亦為病魔，尤其會對懷孕中的準媽媽帶來危害，引發流產或令兒童猝死，是令人聞之色變的存在。此外，她亦被認為是莉莉圖的妻子。

在影視娛樂產業中，以莉莉絲為原型的角色人物遠多於莉莉圖。最具代表性的則是動漫作品《新世紀福音戰士》中的莉莉絲。她是人氣角色之一，與主角綾波零有很深的淵源。

Zū
祖

別名　安祖、伊姆杜吉德

神格　聖獸、妖魔、怪鳥

與眾神敵對，召喚雷電的聖獸

祖是被描繪成獅頭鷹身，抑或上半身為人類男性，下半身為老鷹的怪鳥。相傳當他振翅時會引起沙塵暴，咆哮時就會雷鳴大作。祖是大氣之神恩利爾［→P42］，抑或戰神尼努爾塔［→P72］的坐騎，亦被認為是聖獸。另一方面，在《安祖神話》中則是與眾神敵對的妖魔。

胡魯普樹（Huluppu）

這是祖在《吉爾伽美什史詩》中的築巢處所。女神伊絲塔［→P80］在幼發拉底河河畔，發現了遭暴風吹倒的胡魯普樹，她打算用這棵樹來打造自身的座椅與床鋪，因而將之帶回神殿種植。胡魯普樹順利成長茁壯，但因為祖在此築巢，令伊絲塔無法動手砍樹。不多久英雄吉爾伽美什［→P142］便將祖趕走，伊絲塔終於得以了卻心願。

祖泛指靈鳥一族，與眾神為亦敵亦友的關係

祖並非特定人物，而是種族的泛稱，據信為一支族群，乃一大家族。也因此緣故，可在神話中看到他們為了家人在山上或樹枝上築巢的描寫。祖既是神的使者、坐騎，有時也會與神為敵，在好幾部神話中各有不同的立場乃其一大特徵。祖的別名為安祖（Anzu），而在冠上此名的《安祖神話》中則可見到他反抗眾神的行為。

在奉祀恩利爾的神殿中，有個名為「天命泥板」的寶物，據說甚至能支配眾神的命運。祖負責鎮守神殿，每天遠眺著這塊泥板，卻漸漸起了貪念，滿腦子只想將這塊泥板占為己有，來對世間萬物發號施令。

某天，祖趁著恩利爾沐浴空檔，奪走天命泥板，飛往住處庫爾山。眾神慌了手腳，連忙集合起來商議對策。然而，面對握有天命泥板的祖，沒有任何一位神敢出面對抗。無計可施的眾神轉而向智慧之神恩基〔↓P48〕請益。恩基則說服了戰神尼努爾塔，請其前往討伐祖。

與使出「天命泥板」的祖捉對廝殺

抵達庫爾山的尼努爾塔與祖相持不下。祖出言挑釁：「我已獲得眾神的神力，你居然還有膽挑戰我。」尼努爾塔雖瞄準了祖，拉弓射箭，但祖下令「弓歸植物、弦歸動物、箭羽回到鳥身上」，弓箭則真如其言，變回成形前的材料狀態。

在一旁觀看戰況的天氣神阿達德〔→P112〕，趕緊向恩基稟報此事。恩基則告訴尼努爾塔：「別氣餒，將風對準祖的翅膀吹拂，再趁勢將之砍下就好。」尼努爾塔聽話照辦，對著祖的翅膀放出強風，終於成功扯下其羽翼。失去翅膀的祖這下摔得七葷八素，兵敗如山倒。

祖具有兩面性，既是神聖的神之使者，又是連神都不怕的怪鳥，在許多作品中則以妖魔角色登場。在電玩遊戲《最終幻想（Final Fantasy）》系列中是一頭巨鳥。尤其是《最終幻想ＸＶ》，可見到祖翱翔在空中的模樣，令許多玩家留下深刻的印象。

Utukku
烏圖庫

神格 精靈、惡靈

四處徘徊的鬼魂與惡靈之總稱

烏圖庫是會危害人類的邪惡精靈、惡靈。據信此名號並非指稱特定的精靈，而是惡靈的總稱。烏圖庫有許多種類，可大致分為以下2種類型。

美索不達米亞的風俗習慣為，在人死之後會舉辦喪禮進行埋葬，並且定期透過祭拜儀式追思。然而，若未確實處理好喪禮、下葬、祭拜儀式時，據信亡者的鬼魂就會變成四處徘徊的邪惡之物，亦即化身為烏圖庫。

相傳此類烏圖庫會在新月夜從陰間回到陽間，造成令人生病之類的危害。不過，即便亡者已化為烏圖庫，只要後續能好好舉辦奠祭儀式進行超渡，就可以確實將這類烏圖庫送回陰間。

另一種烏圖庫相傳誕自智慧之神恩基〔→P48〕的膽汁。一般認為這種類型的烏圖庫才是真正恐怖的惡靈。他們被描繪成半人半獸的模樣，無論是人頭獸身或獸頭人身皆很常見。

相傳他們住在腐朽不堪的建築物內或洞窟、洞穴裡。一旦發現人類就會為其帶來疾病等災厄、對人的心理造成負面影響。比方說，令人心生邪念做出犯罪等非法行為、使人或家畜生病、導致家庭失和等，引發各式各樣的災難，令人們相當恐懼。誕自恩基的烏圖庫無法透過儀式來超渡，必須請法師念誦對抗惡靈的咒語來除魔。

在由英國小說家喬納森・史特勞（Jonatha Stroud）所撰寫的奇幻小說《巨靈（Bartimaeus）》中，烏圖庫則成為倫敦塔監獄的警衛粉墨登場。

阿薩格

Asag

別名 雅薩庫、阿扎格

神格 惡靈、病魔

引發河川氾濫與疾病的山之惡靈

阿薩格是《盧伽爾神話》中的惡靈。他們會到處散播傳染病、汙染土地與河水，導致魚類等生物死亡，因而被視為災厄製造者，令人們深感恐懼。當時山雪溶解所積聚而成的水導致底格里斯河水量暴增而引發氾濫，對農業造成莫大的損害。阿薩格正是生成雪水的山之惡靈。相傳他們誕自天空之神安努〔↓P38〕與大地女神祺〔↓P56〕，住在庫爾山，率領著岩石戰士軍團。

在《盧伽爾神話》中，阿薩格與戰神尼努爾塔〔↓P72〕處於交戰狀態。某天，會說話的沙魯爾槌告知尼努爾塔，惡靈阿薩格覬覦其領地而舉兵進攻的消息。尼努爾塔接獲情報後，為了阻止阿薩格而前往應戰。沙魯爾探究敵情，得知阿薩格擁有強大的戰力，因而勸阻尼努爾塔稍安勿躁，但尼努爾塔不聽勸，直接殺了過去。阿薩格果然非常強大，先是引發暴風雨，接著造成土石流，令樹木被連根拔起，導致大量泥沙奔流至底格里斯河。

被阿薩格逼到走投無路的尼努爾塔，只好向父親大氣之神恩利爾〔→P42〕求救。多虧有恩利爾製造狂風暴雨，尼努爾塔才總算保住一條命。一度快要落敗的尼努爾塔，這次則確實聆聽了沙魯爾槌這位能言善道的好搭檔所說的話，並再次與阿薩格交火，成功將其擊敗。獲勝的尼努爾塔著手進行底格里斯河的治水工程，並懲治了跟隨阿薩格的岩石戰士軍團。完成所有任務平安回歸神界的尼努爾塔，受到英雄式的歡迎。

電玩迷們最先聯想到的阿薩格形象，應該是手機遊戲《怪物彈珠》中的護理師扮相吧。這個角色擁有擴散毒物的能力，與神話中的阿薩格散播疾病的特質相呼應。

The king of dates
椰棗王

信仰地區　拉格什

貴為豐收之神卻被戰神收服

椰棗王是《盧伽爾神話》中被戰神尼努爾塔〔↓P72〕擊敗，俗稱「11勇士」的怪物之一，在伊拉克南部都市拉格什，則被當作神靈信奉。

椰棗是從古美索不達米亞時代便已問世的植物。椰棗果實（dates）營養價值高，椰棗乾在現代也廣獲世界各地民眾的喜愛。古美索不達米亞人會以椰棗作為食物或釀酒來豐富飲食生活。出現在《舊約聖經》中的「生命樹」據說是以椰棗樹為原型，可見對古代人而言，椰棗有多麼重要。

樹木信仰在美索不達米亞實屬罕見，會衍生出椰棗王這樣的神靈，應該是反映出當時人們祈求豐收的心願。然而，隨著時代推移，原本奉祀椰棗王的祭壇被尼努爾塔取而代之，在祭祀儀式方面，椰棗王也被迫退居配角。這個信仰過程的變遷，被寫成尼努爾塔收服椰棗王的神話。

尼努爾塔所交手的11名勇士，除了椰棗王，其他則是怪鳥祖〔↓P188〕、龍、石膏、強韌銅板、長著6顆頭的公羊、蝗蟲船、拉格什在地神靈薩曼安納、牛人、被稱為姆修馬赫，長著7顆頭的蛇〔↓P201〕、蜻蜓。這個故事也可解讀成用來讚譽尼努爾塔戰勝了所有強敵，獲得一切的豐功偉業，不過詳細戰況現已失傳，只剩《安祖神話》所描寫的尼努爾塔與怪鳥祖的對戰經過。

據信，尼努爾塔所交手的這11名勇士，成為了《埃努瑪・埃利什》中，由海水女神緹亞瑪特〔↓P62〕所造出的怪物軍團〔↓P198〕原型。這個怪物軍團成員剛好也是11位。

Tiamat Monster

緹亞瑪特怪物

為了對抗馬爾杜克而生的怪物軍團

緹亞瑪特怪物是指，在《埃努瑪・埃利什》中，由海水女神緹亞瑪特「↓P62」所造出的怪物總稱。這11隻怪物分別為七頭蛇姆修馬赫「↓P201」，宛如奇美拉翻版的姆修菲修「↓P202」、蠍人基魯塔布利魯「↓P203」、龍烏休姆加爾「↓P204」、毒蛇巴什姆「↓P204」、海洋風暴女神拉哈穆「↓P205」、巨獅烏伽爾魯「↓P205」、獅頭人烏利迪姆「↓P206」、風暴怪物烏姆・達布魯圖「↓P206」、半魚人庫盧魯「↓P207」、公牛怪庫薩利庫「↓P207」。緹亞瑪特造出這11隻怪物後，指派自己的兒子金固「↓P200」作為統帥。

緹亞瑪特為了與太陽神馬爾杜克「↓P52」決一死戰，才造出了這群怪物。據

《埃努瑪・埃利什》所述，緹亞瑪特與丈夫淡水神阿普蘇〔→P60〕創造了一票年輕神祇。後來再也受不了這些新生神祇喧鬧的阿普蘇，打算將他們除之而後快。孰料，這項計畫卻被恩基得知，阿普蘇反被殺害，恩基甚至還在阿普蘇的遺體上興建住宅。恩基與妻子在這棟住宅所生下的孩子即為馬爾杜克。決心為丈夫報仇的緹亞瑪特因而造出了11隻怪物。

緹亞瑪特的怪物們也經常出現於近年的電玩遊戲裡。以金固為例，他在手遊《Fate／Grand Order》中以「金古」這個角色名稱粉墨登場。如同神話內容般，母親為緹亞瑪特，為了喚醒沉睡的母親而與主角對立。隨著後續急轉直下的故事情節發展，令這個被設定為反派的角色，在玩家之間擁有超高的人氣。此外，姆修菲修在遊戲《真・女神轉生》系列與《最終幻想》系列中，則是相當有名的怪物。

金固 Kingu

別名 昆固

完全沒戲唱的怪物軍團總司令

金固是怪物軍團的總司令，率領著海水女神緹亞瑪特所造出的11隻怪物。他奉緹亞瑪特之命，統領這群怪物，還被交付了能操控萬物命運的「天命泥板」。

相傳金固為緹亞瑪特之子，另一說則稱他是從表態挺緹亞瑪特的神祇中被選中的，並成為緹亞瑪特的第二任丈夫，備受寵愛，而被賦予了與天空之神安努〔→P38〕同等的地位。

權力加身，手握重權的金固，在神話的戰鬥場面中，完全不見有任何活躍表現，實在可憐。因為他一見到太陽神馬爾杜克，便嚇得全身僵硬，動彈不得。相傳馬爾杜克擊敗緹亞瑪特後，接著以金固之血來造出人類。

姆修馬赫 Mushmahhu

出自緹亞瑪特之手的七頭毒蛇

姆修馬赫為怪物軍團中的七頭蛇，大多被描寫成有著7顆頭的蛇，但也有一說主張是由7條蛇所組成的。此外，由於海水女神緹亞瑪特有著龍的外型，因此也存在著姆修馬赫其實是由緹亞瑪特變身而成的說法。姆修馬赫有著尖銳的齒牙，體內布滿毒液而非血液。

姆修馬赫與怪鳥祖〔↓P188〕和椰棗王〔↓P196〕等神靈，同為被戰神尼努爾塔〔↓P72〕降伏的「11勇士」成員。

據《埃努瑪・埃利什》描述，在緹亞瑪特輸給馬爾杜克後，以姆修馬赫為首的11隻怪物全被捕獲，並被關進馬爾杜克所持的天網裡。

姆修菲修 Mushussu

怪物軍團中最為出人頭地者

姆修菲修在蘇美語的意思為「可怕的蛇」。相傳姆修菲修的前腳為獅子，後腳為老鷹，身體布滿鱗片，而且還有顆獅頭。有時還會被畫成長角、有翅膀以及蠍子尾的模樣。

姆修菲修雖是緹亞瑪特怪物中的一員，但待遇與其他怪物截然不同。在海水女神緹亞瑪特敗給馬爾杜克後，姆修菲修轉而成為馬爾杜克的坐騎。他後來亦成為馬爾杜克之子，書記之神納布〔→P122〕的坐騎。

成為天神屬下的姆修菲修，逐漸被認為是守護人們躲過災厄的聖獸。他被描繪在門扉等各種地方，作為避邪用的護身符。在11隻怪物中可說是大放異彩，出人頭地。

基魯塔布利魯 Girtablilu

別名 基爾塔布魯魯

不同於外表所見，既知性又冷靜

基魯塔布利魯在阿卡德語為「蠍人」之意。他頭戴角冠，有著蓄鬍的男性臉孔與上半身，下半身為鳥，生殖器為蛇頭，再配上一條蠍子尾。雖是怪物軍團一員，但在海水女神緹亞瑪特不敵馬爾杜克後仍倖存下來，並自成一族。

基魯塔布利魯也出現在《吉爾伽美什史詩》中。英雄吉爾伽美什【→P142】在摯友恩奇杜【→P150】離世後，為了尋求長生不死之道，而在旅途中造訪了馬許山。在馬許山入口把關的正是基魯塔布利魯。吉爾伽美什對基魯塔布利魯表示，為了獲得長生不死的方法，他必須通過這座山，而基魯塔布利魯則提出警告，至今尚未有人得以越過此山。不過，在他明白吉爾伽美什決意甚堅後，遂祝願其旅途平安，接著打開山的入口。

烏休姆加爾 Usumgallu

烏休姆加爾為怪物軍團中的龍，有一說主張他等同於姆修馬赫［↓P201］。相傳海水女神緹亞瑪特賦予烏休姆加爾各種恐怖元素，他也因為這樣被視為窮凶惡極之龍。許多娛樂作品皆將他設定為反派，在電玩遊戲《最終幻想XIII》，則化身為「征服者烏休姆蓋爾」，出現在讓失和的主要角色霍普與冰雪言歸於好的限時挑戰中。

巴什姆 Bashmu

巴什姆為阿卡德語，在蘇美則稱其為烏什姆（Ušum），是怪物軍團中的毒蛇。據信他乃棲息於美索不達米亞的毒蛇，抑或蜈蚣的神格化，被描繪成擁有前足與角的蛇。原本是會危害人類的恐怖生物，後來成為冥神內爾加爾［↓P94］的屬下。

拉哈穆 Lahamu

別名 拉哈伯

拉哈穆這個名字代表「凶暴」之意，據信為海洋風暴的神格化，主要被當成神靈對待，而非被視為怪物。拉哈穆為女神，與她配成對的則是同樣誕自海水女神緹亞瑪特與淡水神阿普蘇〔↓P60〕的仁慈之神拉赫穆。此外，相傳拉哈穆與拉赫穆生下了天空之神安努〔↓P38〕的父母親——安沙爾與吉莎爾。

烏伽爾魯 Ugallu

烏伽爾魯是被描繪成巨獅、緹亞瑪特怪物中的一員。相傳古美索不達米亞從前有獅子繁衍生息，令民眾相當困擾，君王也經常進行獵獅活動。因此緣故，獅子在神話中代表王的權力與強大的力量。將烏伽爾魯塑造成獅子，應該是為了彰顯緹亞瑪特的怪物軍團有多可怕。

烏利迪姆 Uridimmu

別名 烏魯馬弗魯魯

烏利迪姆在阿卡德語代表「獅子人」之意，被描繪成上半身為人，下半身類似獅子，但只有2條後腿，呈立姿的模樣。同樣用來指稱獅子人的別名烏魯馬弗魯魯，則被描繪成有著人類的上半身，下半身為四足獅子的形態。烏魯馬弗魯魯在阿卡德語為「人面獅身」之意。亦可解釋為凶猛犬類。

烏姆・達布魯圖 Umu dabrutu

烏姆・達布魯圖是風暴怪物，據信乃受到神靈使喚的風之妖魔，在對人類帶來災難的同時，也會帶來財富。一般被描繪成鷲頭獅身，外加一雙翅膀的模樣。在緹亞瑪特的怪物軍團中較不知名，但手遊《Fate／Grand Order》中的賽米拉米斯（Semiramis）所使用的11對兵器，「十一之黑棺（Tiamtum Umu）」，便冠上烏姆之名。

庫盧魯 Kulullu

別名 庫魯魯、庫魯烏魯

庫盧魯為半魚人怪或人魚，相傳為男性。魚與其他生物混合而成的怪獸圖像，在古美索不達米亞十分常見。其他還有上半身為山羊、下半身為魚的山羊魚（suḫurmāšu），據信山羊魚後來與占星術的魔羯座結合在一起。這類半魚形的怪物被認為是具有法力的守護者，會被當成護身符或製成雕像使用。

庫薩利庫 Kuusarikku

庫薩利庫被描繪成有著翅膀的公牛，抑或有著人臉的公牛怪物。相傳非常凶猛，曾引發暴風雨，導致人間歷經了長達7年的荒年。庫薩利庫亦被認為與《吉爾伽美什史詩》中的「天牛」為同一人物。天牛就是奉愛之女神伊絲塔〔→P80〕之命，為了代其一吐被英雄吉爾伽美什拒絕的怨氣，而在人間大肆搞破壞的牛隻。

描繪出征赴戰場與戰後歸來情景的「烏爾之旗」，由青金石與貝殼鑲嵌而成
（大英博物館藏）

主要參考文獻

《蘇美神話的世界　刻寫於泥板上的最古老傳奇
（シュメル神話の世界　粘土板に刻まれた最古のロマン）》
岡田明子、小林登志子合著／中央新書

《古美索不達米亞神祇　世界最古老的「王與神之饗宴」
（古代メソポタミアの神々　世界最古の「王と神の饗宴」）》
三笠宮崇仁監修／岡田明子、小林登志子合著／集英社

《東方世界神話（オリエント神話）》
John Gray著／森雅子譯／青土社

《古東方文明史（古代オリエントの歴史）》
小川英雄著／慶應義塾大學出版會

《新版 世界各國史8　西亞史Ⅰ（新版 世界各国史8　西アジア史Ⅰ）》
佐藤次高編／山川出版社

《圖解 美索不達米亞文明（図説 メソポタミア文明）》
前川和也編著／河出書房新社

《吉爾伽美什史詩（ギルガメッシュ叙事詩）》
矢島文夫著／筑摩學藝文庫

《美索不達米亞神祇與假想動物（メソポタミアの神々と空想動物）》
Anthony Green監修／MIHO MUSEUM編／山川出版社

《美索不達米亞神話　神祇之友情與冒險（メソポタミアの神話　神々の友情と冒険）》
矢島文夫著／筑摩書房

《東方世界神祇（オリエントの神々）》
池上正太著／新紀元社

《探查天使與惡魔之謎（天使と悪魔の謎を楽しむ本）》
Group SKIT編著／PHP研究所

《「天使」與「惡魔」詳解（「天使」と「悪魔」がよくわかる本）》
吉永進一監修／造事務所編著／PHP研究所

《世界偉大遺址4 美索不達米亞與波斯
（世界の大遺跡4 メソポタミアとペルシア）》
増田精一編／講談社

《古伊拉克－隨兩條大河繁盛的美索不達米亞文明－
（古代イラク－2つの大河とともに栄えたメソポタミア文明－）》
Beth Gruber著／Tony Wilkinson監修／日暮雅通譯／BL出版

《漢摩拉比法典－包含「以眼還眼，以牙還牙」在內，收錄282條文的世界最古老法典－》
（ハンムラビ法典－「目には目を歯には歯を」を含む282条の世界最古の法典－）
飯島紀著／國際語學社

《吉爾伽美什史詩》賞析

記載著《吉爾伽美什史詩》內容的部分泥板

《吉爾伽美什史詩》流傳自非常遙遠的時代，但這個故事卻歷久彌新到令人驚嘆的程度。探討友情、生與死的普遍性主題，至今依然吸引著人們。本單元從總計12枚的泥板中摘錄英雄吉爾伽美什所說的話語，帶領讀者們來看看他的成長。

引用自《吉爾伽美什史詩》矢島文夫譯／筑摩學藝文庫。〔 〕括弧內為推測補充的譯文

摘自第三泥板

「我會在杉樹森林打倒那傢伙。
讓全國上下都知道，
烏魯克的男子有多強大。
我要靠著自己的雙手砍下杉樹，
留下永垂不朽的名聲。」

吉爾伽美什在此時期還是一位目中無人的君王。這是他結識野人恩奇杜後，兩人結伴前往收服靈獸渾巴巴時所說的話。明白渾巴巴有多恐怖的恩奇杜雖試圖阻止，但吉爾伽美什仍一意孤行。

摘自第六泥板

「［妳愛過的］哪些情人是長長久久與妳相隨的呢。
有哪位牧羊人［能持續討妳歡心呢］。
乾脆這樣吧，我來點名［妳的情人］，細數給妳聽。」

這是吉爾伽美什被愛之女神伊絲塔求婚後，所做出的答覆。他對女神以往至今如何苛待一票情人的行為提出詰難，語氣顯得無所畏懼又不以為然。伊絲塔自是感到憤恨難平，為了一吐怨氣而派出了「天牛」來人間作亂。

摘自第八泥板

**「我們［征服了］一切，走遍［群山］，
奪下都城、［手刃『天牛』］，
讓住在『杉樹森林』的渾巴巴嘗到苦頭，
可是現在，籠罩在你身上的這股睡意究竟是何物。
你被黑暗包圍，聽不見［我所說的話］。」**

看著恩奇杜因為觸怒眾神而邁向死亡的模樣，不禁張皇失措的吉爾伽美什。此篇章講述勇猛的吉爾伽美什無法接受好友死亡，接連幾天情緒失控地又哭又叫，描寫了其脆弱的一面。

摘自第九泥板

**「終有一天我也會面臨死亡，就像恩奇杜那樣。
這份哀傷已牢牢占據我的身心。」**

目睹摯友離世而對死亡感到恐懼的吉爾伽美什，為了尋求長生不死的方法而遠行。如此偉大的英雄，卻經常悲傷感嘆，害怕死亡的這一點與凡夫俗子無異，相信也是吉爾伽美什的魅力之一。

摘自第十一泥板

**「到頭來是［為了］誰啊，烏沙那畢呀，我耗盡氣力，
甚至抬不起手臂。究竟是為了誰，付出了我的心血呀。
我本身沒得到半點恩惠，
恩惠全都給了大地之獅※。」**

※ 研判意指蛇

吉爾伽美什在費盡千辛萬苦後，終於獲得永春草，卻不慎被蛇吃掉。他這才領悟到，既然生而為人，就免不了一死。吉爾伽美什回到烏魯克後，成為治國有方的明君。史詩開頭便讚頌其為「見過世間萬物，嘗遍人間百味，明白所有道理之人」。

古代美索不達米亞諺語

約於西元前三十世紀問世的泥板

古美索不達米亞透過刻寫於泥板的楔形文字，留下了許多紀錄，內容豐富多元，含括法律、行政紀錄、文學、宗教等各種資訊，其中還有諺語與格言，得以令後人一窺當時的庶民生活。

引用自《古東方世界（古代オリエント）》岸本通夫等著／河出書房新社，以及《蘇美神話大全（シュメール神話集成）》杉勇、尾崎亨譯／筑摩書房

與說話有關的諺語

「人的心不會製造仇恨，製造仇恨的（永遠）是話語。」
「別對口出惡言者惡言相向。每回一句，就會有一句反彈到自己身上。」
「試著說謊後再說真話看看。所有內容都會變成謊言。」

在孕育出世界最古老文明、最早期文字的美索不達米亞地區，業已出現有關口舌之災的俗諺，著實令人感到玩味。這無疑也是通用於現代的警世之語。

與書記有關的諺語

「手能夠動得跟嘴巴一樣快，才是真書記。」
「只會耍嘴皮的書記 —— 罪孽深重。」
「新手書記官只顧著填飽肚子，哪還有心思管讀書學習。」

在古美索不達米亞，書記可說是相當於高級官員的職務，被視為知識分子，擁有崇高地位。可能因為這樣，若能力不足有時就會遭到老百姓冷嘲熱諷一番。

與生活有關的諺語

「財寶就像沒有（固定的）巢，到處飛來飛去的鳥。」
「對他而言一時的快樂 —— 結婚。深思熟慮後 —— 離婚。」
「家裡有個浪費成性的妻子，會比任何惡靈都還恐怖。」
「我是身穿特大尺碼的女人，巴不得把腰帶剪斷。」

感嘆自己與財富無緣、揶揄婚姻生活的不如意、抱怨自己的身材……這雖是來自數千年前異國民眾的經驗談，但許多內容都能讓現代人產生共鳴，不禁令人覺得人類始終沒有改變。

與飲食相關的諺語

「吃太飽就睡不著。」
「樂事 —— 肯定是啤酒，厭世 —— 肯定是遠征。」
「喝太多啤酒的人，以後只能喝水。」

古美索不達米亞人會飲用以麥芽和麵粉發酵而成的啤酒。啤酒在格言中被用來比喻人們喜愛的事物，由此可知這對大眾而言是日常生活中不可或缺的嗜好品。主張吃太飽就會睡不著的美索不達米亞人，是不是令讀者們頓時湧現出一股親近感呢 。

與動物相關的諺語

「驢子會吃掉自己的睡窩。」
「狐狸跑到海邊小解並表示『海會帶走我的尿』。」
「別人家的牛努力吃草，我家的牛在草地上睡懶覺。」

以家畜或動物為主角的格言也很多。即便是現代，驢子依然給人憨傻的印象，提到狐狸則往往伴隨著狡猾的形象，生活在數千年前的人們也有相似的觀感，著實有趣。最後一句應該與「外國的月亮比較圓」這句話同義。

《漢摩拉比法典》的真相

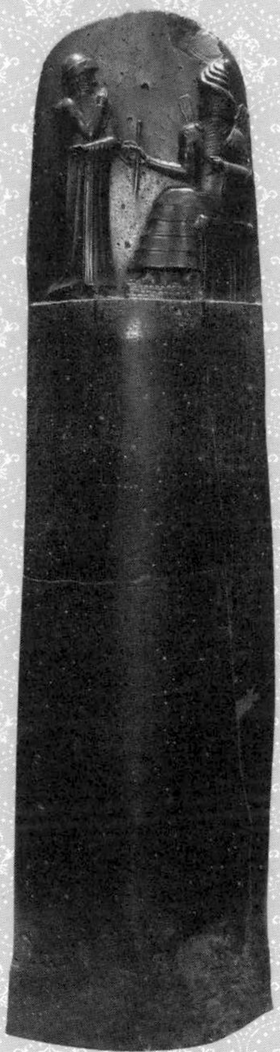

刻寫著法典的石碑（羅浮宮美術館藏）。上方的浮雕為太陽神沙瑪什（右）與巴比倫尼亞王漢摩拉比（左）

赫赫有名的《漢摩拉比法典》是歷史上最早期的法典，於古巴比倫尼亞時代問世。由於「以眼還眼」這個廣為人知的原則，不免給人嚴苛又暴力的復仇法印象，但實際內容又是如何呢？本單元將從282則條文中擷取幾則做介紹。

引用自《漢摩拉比法典》飯島紀譯／國際語學社

196 **若有人毀掉他人之眼，則應毀掉此人之眼。**

200 **若有人打落同階級的他人之牙，則應打落此人之牙。**

這是著名的「以眼還眼、以牙還牙」的出處。其實這條規定的目的在於，徹底落實同等程度的處罰，禁止透過私刑進行過度的復仇。比方說，不能因為眼睛被毀而殺了對方。此外，若施暴者為奴隸時則易科罰金等，會根據身分階級而有不同的規定。

206 **若因為起口角而打傷對方，必須向神明發誓「並非故意動粗」，並且賠償醫藥費。**

還有其他依狀況類別而有不同詳細規定的條文存在。上述法規則明定了負擔醫藥費這個實際可行的解決對策，應該顛覆了一般對漢摩拉比法典的既定印象吧。

48 若有負債，而且田地因為氾濫或乾旱等情事而無法收成時，可免除交付穀物給債主的義務，並得以更改契約，該年度亦無須支付利息。

104 商人與小販做生意而交付商品時，小販必須確認價格，支付款項，領取收據。

法典除了針對犯下暴力或殺人行為者訂立罰則外，也有民生經濟、婚姻、繼承遺產方面的相關規定。第 48 條為當作物歉收時，允許民眾放棄債務的條文。金融法與刑法一樣，都會根據情況來訂立不同的規定。此外，當時便很注重明文規定的做法，因此有許多如第 104 條般，記載著各種契約規定的泥板出土。

128 即便娶妻，若未簽立誓約書，則該女子不算是真正過門的妻子。

137 若決定公然拋棄生下孩子的小妾或納迪圖※，必須歸還她們所帶來的嫁妝，並將收入分給她們來扶養孩子。在孩子長大成人後，則須支付給她們相當於長子應得之分的金額，並讓她們與中意的男性結婚。

※ 納迪圖為高階女性神職人員

168 若打算跟自己的孩子斷絕關係，必須向法官提出「斷絕親子關係」的申請。法官會調查該理由，若子女所犯之罪並不足以令其被掃地出門，那麼父親絕不能在繼承方面與之斷絕關係。

法典亦記載了結婚登記、養育費等有關女性與兒童的權利。

此外，漢摩拉比法典也提到與社會福利相關的部分。儘管當時有奴隸制，在身分階級方面並非完全平等，但法典記載著身分低者只須支付少額治療費即可。在結尾部分還提及「強者不得欺壓弱者，要為孤兒寡婦主持正義」、「從這個國家根除犯罪與惡人。為這個國家的人民謀福利」，這些概念亦與現代的主張相通。

美索不達米亞遺址導覽

❶奉祀月神的塔廟

烏爾

烏爾是烏爾第三王朝時代的政治、經濟中心，是奉月神辛為守護神的城邦遺址。保存狀態極佳的塔廟（聖塔）為當地地標，現已消失的最上層部分，據推測曾建有奉祀辛的神殿。烏爾又被稱為世界最古老的國際都市，來自印度、波斯、土耳其的商人會定期前來此地做生意。

保存狀態極佳，彌足珍貴的塔廟
圖片來源：Simon Edge ／ Shutterstock.com

❷吉爾伽美什神話發源地

烏魯克

在巴比倫尼亞創世神話《埃努瑪 · 埃利什》中，由英雄吉爾伽美什父親所統治的都市。據悉大約擁有4000年的歷史，也是世界最古老楔形文字的出土之地。奉愛之女神伊絲塔為守護神，供奉天空之神安努的白色神廟相當有名。二〇一六年與烏爾、埃利都以及周邊的濕地一帶，共同被列為世界複合遺產。

❸蘇美最北邊的信仰重鎮

尼普爾

尼普爾是美索不達米亞文明當中最古老的都市之一，作為蘇美的文化與宗教重鎮，崇拜著大氣之神恩利爾，相當繁榮。此地的恩利爾神殿與塔廟占地相當廣闊，同時也建有奉祀伊絲塔的神殿。約有6萬枚的文字板在這裡被挖掘出土，內容則包含記載阿卡德王朝創始人薩爾貢王功績的故事等各種內容。

伊絲塔城門的複製（上）與獅子浮雕（下）
上圖片來源：Homo Cosmicos ／ Shutterstock.com

❹古巴比倫尼亞的「神之門」

巴比倫

巴比倫是在漢摩拉比執政時期無比繁盛的巴比倫尼亞首都。巴比倫一詞意為「神之門」，此地也如其名般，坐擁太陽神馬爾杜克的主神殿、伊絲塔城門、巴別塔、空中花園等出現在各種傳說中或成為聖經故事原型的建築物。巴比倫除了是《埃努瑪 · 埃利什》的發源地，也因為亞歷山大大帝在此溘然長逝而舉世聞名。

❺亞述帝國的祈禱之都

阿蘇爾

據信阿蘇爾是約建立於西元前二五〇〇年的亞述帝國最初的首都。此地名取自主神阿蘇爾之名，在西元前八八三年遷都後，依然作為宗教重鎮，持續繁榮。除了奉祀阿蘇爾的埃沙拉（Ešarra）神殿外，伊絲塔、納布神殿以及恩利爾的塔廟也陸續被發掘出土，並於二〇〇三年被列為世界遺產。

❻亞述學的起源地

尼尼微

尼尼微於西元前七〇〇年左右，在亞述帝國辛那赫里布王的治世下極為繁盛，是當時世界最大的都市。在冠上國王之名，相傳為世界最古老的亞述巴尼拔（Ashurbanipal）圖書館遺址，挖掘到超過 2 萬枚的泥板，成為解讀楔形文字等研究的亞述學基礎。然而，近年這些古文物卻遭到伊斯蘭激進組織 ISIL 的破壞。

日文版STAFF

內文插圖 gozz、輝竜 司、白藤与一、添田一平、仲佳、Hayaken、panther、藤科遥市、真墨詠可、まっつん!
內文執筆 野中直美、岩崎紘子、高宮サキ、飯山恵美、稲泉知、青木一恵、小黒貴之
內文校正 板谷茉莉

國家圖書館出版品預行編目(CIP)資料

美索不達米亞神祇事典:從經典神話了解美索不達米亞眾神 / 紙結歷史編輯部著;陳姵君譯. -- 初版. -- 臺北市:臺灣東販股份有限公司, 2024.05
218面;12.8×18.8公分
ISBN 978-626-379-348-4(平裝)

1.CST: 神話 2.CST: 神祇 3.CST: 美索不達米亞

283.55 113003695

美索不達米亞神祇事典

從經典神話了解美索不達米亞眾神

2024年5月1日初版第一刷發行

著　　者 紙結歷史編輯部
譯　　者 陳姵君
副 主 編 劉皓如
美術編輯 林泠
發 行 人 若森稔雄
發 行 所 台灣東販股份有限公司
<地址>台北市南京東路4段130號2F-1
<電話>(02)2577-8878
<傳真>(02)2577-8896
<網址>http://www.tohan.com.tw
郵撥帳號 1405049-4
法律顧問 蕭雄淋律師
總 經 銷 聯合發行股份有限公司
<電話>(02)2917-8022

埃及神祇事典

從經典神話了解獨樹一幟的埃及眾神

從太陽神拉、破壞神賽特到冥神阿努比斯
進入令人目眩神迷的古埃及世界

本書收錄了有關埃及主要神祇的經典故事，舉凡成為藝文作品角色靈感來源，而廣為人知的太陽王拉、破壞神賽特、愛之女神哈索爾、冥神阿努比斯、貓女神芭絲泰特，以及歐西里斯、伊西絲、荷魯斯為了王位而拼搏的傳說等等。還另闢篇章介紹下令建造巨型金字塔的法老們、托勒密王朝最後的女王克麗奧帕特拉以及象形文字，解說與神話息息相關的古埃及主題。

印度神祇事典

從經典神話了解龐雜多元的印度眾神

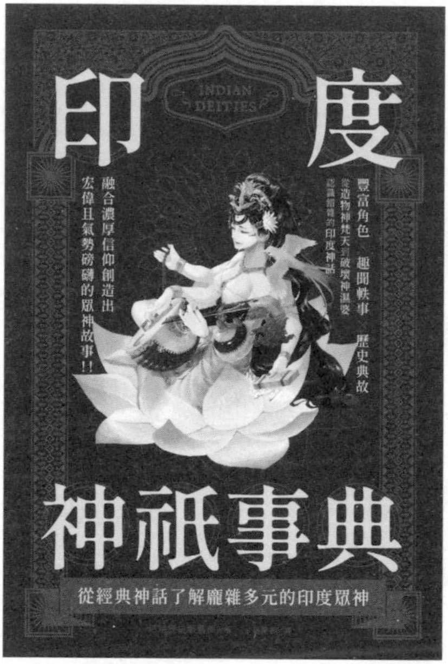

從破壞神濕婆到鬼子母神訶梨帝母
認識宏偉又神祕的印度神話世界

維持與反映世界秩序的至高神毗濕奴，以及濕婆、因陀羅、拉克希米、迦尼薩等源自印度的神祇，有些被引入佛教，有些則化身為娛樂產業的角色人物粉墨登場，透過各種不同的面貌在現代為人所熟知。本書網羅如此多采多姿又極富特色的神祇們，內容含括吠陀時代與往世書時代的信仰變遷，以及兩大史詩《摩訶婆羅多》、《羅摩衍那》的故事。